저학년을 위한 교육연극 수업이야기

우리들은 1학년, 교육연극을 만나다

저학년을 위한 교육연극 수업이야기
우리들은 1학년, 교육연극을 만나다

2쇄 발행 2024년 11월 8일

지 은 이 이주진
펴 낸 이 정봉선
기획실장 심재진

펴 낸 곳 정인출판사
주   소 경기도 하남시 조정대로45 미사센텀비즈 8층 F827호
전   화 (031)795-1335
팩   스 (02)925-1334
홈페이지 www.pijbook.com
이 메 일 junginbook@naver.com
등   록 1999년 11월 20일 제303-1999-000058호

I S B N 979-11-88239-91-7 93370

저학년을 위한 교육연극 수업이야기

우리들은 1학년, 교육연극을 만나다

이주진 지음

정인

열며

한 마을이 있었습니다. 마을에는 큰 길이 있습니다. 그 길 옆에 새로운 길이 생겼습니다. 길 위로 아이들을 위해 신호등을 만들었습니다. 마을 옆에는 큰 나무가 있고, 조각상과 조그만 밭이 있습니다. 마을 앞에 밭이 생겼고, 한 사람이 밭에 물을 줍니다. 큰 나무 옆에 한 사람이 운동을 하고 있습니다. 그 날 하늘에는 해와 구름이 떴습니다. 그 집 옆에는 꽃과 나무가 활짝 폈습니다. (중략) 다른 아이들도 학교에서 놀고 있습니다. 아이들 옆으로 강아지가 지나가고 있습니다. 그 강아지 머리 위로 나비가 날아다닙니다. 어느 날 학교 옆으로 예쁜 봄 길이 만들어졌습니다. 그 길 위로 아이들과 나비가 봄 구경을 합니다. 우리 마을은 아름다운 마을입니다.

제목은 '아름다운 마을', 우리 반이 처음 만든 공동이야기, 공동작품이다. 짧은 문장으로 이뤄진 짧은 글, 주인공도 없고 사건도 없지만 우리는 작은 연극으로 만들었다. 책상을 이리저리 움직여 마을을 만들었다. 상상과 변형으로 꾸며진 공간 속에서 아이들은 마을 사람, 나비와 강아지, 키 낮은 꽃, 가지를 쭉 뻗은 나무가 되기도 하였다. 이렇게 나와 아이들은 3월에 만나 지금까지 다양한 몸짓과 연극놀이로 가까워지고 아직 남은 시간을 촘촘히 채우면서 지내고 있다.

1학년 수업 대부분은 자체가 놀이이자 자기표현이 중심이다. 교육연극으로 맥락을 유지해두면 더 재미있는 수업이 가능한 저학년의 교육과정이다. 학교 공간과 물리적 여건을 탓하기보다 바로, 여기 상황에 적합한 교육연극 방법을 적용한다.

교육연극에 익숙한 나에게도 저학년의 수업은 녹록지 않다. 즉흥적으로 움직이는 그들의 표현을 이해하기도 어려웠고, 의미 찾기도 힘들었다. 내가 줄 수 있는 피드백은 참 단순했다.

"열심히 했어요. 잘했어요."

"우와! 대단하다."

아이들을 관찰하면서 더 구체적인 피드백을 위해 노력했다.

1학년, 1년의 시간은 학습발표회로 마무리되기도 했다. 같이 할 사람을 모으고 역할을 나누고, 쉬는 시간마다 연습하고, 주인공 자리에 욕심도 없어 보였다. 같이 하는 것에 익숙했다. 실수해도 웃지 않고 박수를 친다. 그 사이 훌쩍 컸다.

책 속에 등장하는 1학년은 어느 특정 해의 아이들이 아니다. 한 학급 이야기가 아니라 그동안 만났던 1학년들 수업을 종합해서 풀어쓴 것이다. 나에게 교육연극은 학급경영이자, 생활지도방법이자, 수업방법이면서, 내 취미. 그리고 다른 선생님들을 만나기 위한 수단이다.

책에서는 즉흥극, 타블로, 역할 내 교사 용어 대신 "몸으로 표현해 볼까요?", "말없이 선생님 설명을 듣고 따라해 볼까요?", "선생님은 오늘 다른 인물이 돼서 여러분이랑 같이 연극을 해볼 거예요."처럼 보통 사용하는 언어로 풀어썼다. 교육연극의 예술적 체험보다 효과적인 수업을 위한 도구적 사용에 초점을 두었다. 몸짓, 표현, 움직임 활동은 놀이에 더 가깝다. 단순하면서도 반복적인 이야기들도 많다.

책 1부에서 4부까지는 처음 아이들을 만나고 12월 헤어질 때까지 했던 교육연극 수업을 계절 · 주제 · 행사별로 나누어 시간 순으로 배열했다. 5부에서는 수업에 효과적인 소품과 공간 이야기가 나온다. 그리고 중간 중간 수년간 내가 수업을 하면서 겪었던 익숙하고 효과적인 작은 기법들을 소개했다.

1학년의 수업. 그 중 교육연극수업은 나를 만난 아이들이 겪은 지극히 개인적인 이야기다. 그 이야기를 책으로 공개할 때는 큰 용기와 이유가 필요했다. 다행히 부족한 나에게는 과분한 아이들이 있었고 그 중 한 아이의 말은 여전히 내게 남아있다. 충분한 용기와 격려가 된다.

"정말요? 선생님도 잘 하셨어요. 할머니가 그랬어요. 우리 ○○이가 재미있을 수 있는 건, 선생님이 열심히 잘 하셨기 때문이래요."

그래서 오늘도 수업 준비하고, 기록한다. 그리고 책으로 만난다.

목차

·1부·

처음 1학년,
첫 교육연극

1

1학년은 힘들까?

아이들이 움직인다. 걱정이다.

'내가 제어하지 못한다면?'
'움직임만 있고 배움이 없다면?'
'과연 잘 될까? 괜히 했다면?'
'수업을 하다가 내 한계를 마주한다면?'

이것은 매 수업 준비단계에서 따라오는 질문이지 1학년의 교육연극이라서 생기는 걱정은 아닐 것이다. 교육연극으로 현장이야기를 듣다보면 저학년 선생님들이 적극적이고 질문도 많이 한다. 겪은 사연도 참 많다. 교과서에 나온 연극 활동을 어떻게 지도해야 하는지 감이 잡히지 않는단다. 답답하단다. 재미있어하는 아이들 때문에 제대로 잘 하고 싶지만 걱정이 된단다.

'정말 잘 될까?'

고학년은 연극단원에서 연극을 따로 만나지만 저학년은 매일, 매번 만난다. 익숙하지 않은 즉흥극, 역할극을 자주 대면한다. '1학년은 어려워.', '1학년은 안 돼.' 망설여진다. 왜 망설여질까? 추측해봤다.

그들의 발표! 어떻게 반응해야하나?

칭찬해 줄 지점을 찾을 수 없어 당황스럽다.

뭐가 잘 한 거지?

넘치는 에너지를 어떻게 처리하지?

기승전결 없이 계속 들떠 있는 이 에너지 덩어리들!

무엇을 어떻게 준비하지?

이게 진짜 효과는 있긴 하나?

집중도 못하고 시끄럽기만 하면 어떡하지?

주인공만 하려고 서로 싸우면 어떡하지?

친구가 발표하는 동안 제대로 보지도 않는다면?

역할이름표, 역할머리띠, 가면이라도 만들어줘야 하나?

수업이 아니라 놀기만 하는 것 같은데?

기법적인 문제는 교육연극 책과 원격연수로 해결할 수 있다. 선생님의 망설였던 이유가 20여 년 동안 교육연극을 했던 내 수업에도 매번 나타나는 일상이었다. 그리고 1부부터 5부에 걸친 수업이야기는 교실에서 교육연극을 해볼 만한 이유가 될 수 있다.

실제 저학년의 교육연극은 어떤 모습일까?

교과지도에 활용된다.

가장 핵심이다. 교과 성취기준 도달을 위한 도구로 교육연극 기법을 적용한다. 이 책에서 만날 교육연극 모습이기도 하다.

생활지도로 활용된다.

교육연극에도 약속과 규칙이 있다. 여럿이 하는 활동이기 때문에 상대방 관찰은 필수이다. 역할 양보도 해야 하고, 재미없어도 잘 봐야한다. 이는 기본적인 약속이면서 태도이기 때문에, 어린 1학년도 잘 지켜야 한다. 교육연극수업이든 연극놀이든 서로가 무슨 말을 하는지 들어야 하고 봐야 한다. 아이들은 약속을 지키는데 익숙해진다.

독서교육에도 활용된다.

개성 있는 인물과 사건이 있는 책은 이야기극화로 발전시킬 수 있다. 독후 활동으로 주인공을 의자에 앉혀놓고 대화하기, 뒷이야기 즉흥극 만들기, 목소리로 책을 보여주는 낭독공연까지 발전시킬 수 있다.

동아리활동으로 만날 수 있다.

움직임, 표현, 감각놀이 중심으로 연극놀이 동아리를 운영할 수 있다.

한 해 동안 익혔던 연극적 방법은 학습발표회나 학예회 때 인형극, 가면극, 노래극, 낭독극 등 작은 연극으로 교실 밖에 있는 관객을 만날 수 있다.

2 자주 사용하는 교육연극 방법

가. 타블로

타블로라는 명칭보다 조각만들기, 정지동작으로 자주 사용한다. "움직이다가 얼음하면 돼.", "찰칵! 사진처럼 멈추면 돼.", "정지 장면처럼 안 움직이면 돼.", "조각처럼 가만히 있으면 돼."라고 말한다.

나. 역할 나눠서 상황 표현하기

즉흥극, 역할극, 상황극으로 쓰인다. 명확히 구별하지 않고 "모둠별로 역할을 나눠서 상황이 잘 드러나게 친구들 앞에서 발표할 수 있도록 준비하세요."로 안내한다.

아이들은 준비하다가 묻는다.

"동영상처럼요? 움직여도 돼요? 말해도 돼요?"

선생님의 판단이 중요하다.

"마임이 더 효과적일 것 같으면 그렇게 해도 된단다."
"대사가 필요하면 말하면서 해도 된단다."

그러나 인사말과 관련된 수업이라면 다르다.

"바르고 정확한 인사말을 표현하는지 보여줘야 하니까 말도 하고 움직임도 있어야
할 것 같은데..."

다. 교사도 역할 맡기

선생님이 특정 역할을 맡아 극 속으로 들어가는 것을 역할 내 교사라고 한다. 아이
들이 숲 속 동물이면 선생님도 동물이든, 나무꾼이든, 사냥꾼이든 역할 하나를 정한
다. 어떻게 역할을 입을 것인가?

"지금부터 선생님은 토끼가 될 거야."라고 약속하면 된다. 연기는 필요 없다. 연기
로 토끼가 되는 것은 아니다. 소품이나 특정 신호로 역할을 부여받는다.

그냥, 하나, 둘, 셋!으로 역할을 시작해도 된다. 도움이 필요한 사람, 잘못을 저지른
인물, 또래 친구, 지시하거나 이간질하는 못된 사람, 권위 있는 사람 등 선생님이 할
수 있는 역할은 많다.

어떤 인물	역할 내 교사	역할 표시
이름이 없어 우는	늑대	보따리
토끼에게 화난	팥이 영감	밀짚모자
도움이 필요한	또래 친구	머리에 핀
강아지에게 밥을 주는	할머니	머리 수건

라. 마임과 해설팬터마임

마임이란 말없이 몸짓으로 표현하는 것이다. 해설팬터마임은 해설대로 움직이는
활동이다. 해설팬터마임의 장점은 많다. 행동 제어가 가능하다. 움직임과 멈춤이 자
연스럽게 연결된다. '인터뷰', '마음의 소리' 등 다른 기법이랑 함께 사용할 수 있다.
아이들은 해설대로 움직이면 되니까 무엇을 표현할지 부담도 없다.

마. 빈 의자

빈 의자는 의자 하나만 준비하면 된다. 아무도 앉지 않는다. 상상력으로 주인공을 앉힌다. 주인공이 어떻게 생겼는지, 어떤 마음인지, 어떤 표정인지 인물을 구축할 때 사용한다. 또는 주인공 문제 해결을 위해 자기의 경험을 들려주거나, 충고나 질문을 할 때 쓴다. 아주 가끔 연극적 약속을 어긴 아이들이 유령이나 귀신, 외계인이 앉아있다고 놀리기도 한다.

바. 낭독극

1학년도 할 수 있다. 인물과 대사가 명확히 구분되는 이야기가 좋다. 동작 없이 실감나는 목소리로 이야기를 전달한다. 읽고 또 읽혀서 준비시킨다. 역할별로 자기 의자에 앉아서 교과서나 그림책을 들고 낭독한다. 몸짓에 대한 부담도, 외워야 한다는 부담 없이 편하게 즐길 수 있다.

사. 이야기극화

이야기극화는 책 속 인물과 사건을 연극 활동으로 체험하는 과정이다. 눈으로 보고, 귀로 듣는 이야기가 아니라 몸으로 겪는 이야기다. 내용 일부를 들려주고, 특정 부분만 극화할 수 있다. 학급 전체가 참여할 수 있는 역할과 움직임이 많이 나온 책이 좋다.

아. 칠판에 배경 그리기

"교육연극이 재미는 있는데 하고 나면 남은 거 없이 붕 떠서 사라지는 기분이에요.", "아이들이 수업목표를 알고 따라오는 건지, 그냥 움직이고 노는 것 같아서 좋아하는 건지 모르겠어요." 일반 선생님의 고민이면서 내 고민이었다. 대안을 만들었다. 극 속 배경을 칠판에 그렸다. 필요에 따라 주인공 실루엣을 붙이기도 하고, 중요 단서들도 붙여 놓았다. 마무리로 처음 제시한 배경과 인물을 수정했다. 수업 초점을 유지시키는데 효과적이다.

한 번은 칠판에 지저분한 공원 모습을 그려냈다. 공원을 깨끗하게 할 수 있는 방법을 몸짓으로 표현하면서 실천 방법을 공유했다. 그리고 발표 내용을 바탕으로 칠판 속 공원을 바꿔보기로 했다. 직접 나와서 칠판에 쓰레기통도 그리고, 휴지를 줍는 예쁜 손도 그리고, '휴지를 버리지 마시오.'라는 푯말도 그린다.

"저요! 저요!"

서로 나와서 그리겠단다. 수업이 끝났지만 대부분 아이들은 그림 그릴 차례를 기다린다. 내 도움이나 간섭없이 자기들끼리 알아서 한 줄 길게 선다.

3

연극놀이, 움직임으로 마음 채우기

밥 페이건_ '몸의 움직임은 빈 마음을 채워준다.'

연극놀이는 놀이와 연극적 요소가 합해진 것이다.

연극적 요소란 즉흥성, 역할, 리액션, 긴장, 상상과 표현, 창조, 변형, 갈등과 대립, 존재감, 감정의 교류 등을 말한다. 연극놀이는 놀다 끝나는 게 아니다. 몸짓 표현, 감정 표현, 마임 같은 연극기법도 익힐 수 있다. 놀이를 이끌 리더가 존재하는데 교실에서는 선생님이 그 역할을 한다.

연극놀이는 사람을 대상으로 한다.

사람을 상대한다. 놀면서 낯선 친구, 새 학교, 새 교실, 새 담임이 주는 불안과 긴장을 풀어준다. 같이 놀 수밖에 없는 놀이 구조는 친구들과 자주 부대끼게 한다. 갈등이 생길 수 있지만 놀이를 유지하기 위해 아이들은 서로 봐주거나 용서하거나 얼른 사과한다. 예민하게 반응하지 않고 "그럴 수도 있지.", "괜찮아.", "미안해." 말하면서 유연해진다.

연극놀이를 시작하려는 선생님께

① 충분한 공간을 확보해야한다. 책상 이동 없이 자리에 앉아서 하는 연극놀이도 많다.

② 선생님도 놀이의 진지함을 유지한다. 즐기고 있다는 것을 진심으로 보여준다.

③ 놀이 소감을 나누는 시간을 가져야한다. '싫어요. 좋아요.'라는 말만 하더라도 꾸준히 하다보면 어느 순간 구체적인 느낌과 생각을 들려준다.

④ 많은 놀이를 하는 것보다 하나를 다양하게 변형하여 적용한다. 아이들은 놀이를 이해하고, 놀이 기법에 익숙해질 쯤 즐길 수 있다.

⑤ 놀이를 진행하면서 수시로 알려줘야 하는 교사의 말들이 있다. "도움말" 또는 "사이드 코칭"이라고 한다. 같은 놀이일지라도 1학년에게는 더 신경 써서 말해야 한다. 인사 연극놀이로 도움말을 살펴보자.
  - 상대방이 다할 때까지 기다려 주세요.
  - 인사를 전달할 때는 어깨를 두드리거나, 눈을 마주쳐 주세요.
  - 인사말과 몸짓을 같이 할 수 있습니다.
  - 악수나 포옹 빼고 다른 신체접촉을 하지 마세요.

연극놀이는 정말 효과적일까?

① 입학초기에 만난 연극놀이는 아이들의 언어, 표현력, 관계, 생활태도를 파악할 수 있다. 일찍 파악한 아이들의 특성은 모둠 조직을 할 때 도움이 된다.

② 놀이 속에서 아이들이 좋아하는 역할을 찾을 수 있다. 좋아하는 역할은 자발적 수업참여를 유도한다.

③ 나와서 발표하는 것만 최선은 아니다. 앉아서 적극적인 관객으로 반응하는 것 역시 참여 중 하나다.

④ 연극놀이로 미리 만난 3월은 남들 앞에서 서거나 실수하는 데에 두려움을 줄일 수 있다.

어떤 이는 의도를 가지고 연극놀이에 접근하지 말라고 했다. 그러나 "어떤 놀이를 하면 좋을까?" 고민하고 선택하는 순간, 의도가 반영될 수밖에 없다. 생각 없이 신나게 노는 그 시간 자체도 목적일 수 있다. 대신 한 번의 활동에 그럴싸한 가치로 포장하지 말자. 한두 번 아이들이 손잡고 움직였다고 협동심이 길러지고, 배려심이 생기지는 않는다. 알다시피 우리 1학년의 변화는 조금씩 쌓여서 어느 날 달라지는 것이다.

가. 3월의 연극놀이

 아이 엠 그라운드 자기소개하기

🎵 놀이 초점 : 내 이름 말하기, 박자 치기

🎵 활동 순서

① 노래와 리듬 익히기

'아이 엠 그라운드 / 자기 소개하기 / 홍길동!' 반복해서 익힌다.

② 4박자 손뼉 치기 익히기

박자	하나	둘	셋	넷
동작	책상치고	손뼉치고	오른손 엄지 세우고 오른쪽으로 꺾고	왼손 엄지 세우고 왼쪽으로 꺾고
노래	아이	엠	그라	운드
	자기	소개	하	기
	–	–	홍길	동!

③ 1학년은 노래, 손뼉 동작, 박자까지 동시에 하는 것은 어렵다. 처음은 선생님 혼자 천천히 부르고, 아이들은 박자 치기에 집중한다.

④ 익숙해지면 느린 속도와 느린 동작으로 노래를 직접 부른다.

⑤ 모둠별로 이름을 말하면서 한 명씩 이어간다. 이름 불린 친구는 자기이름을 되받아서 말하고, 다시 다른 친구 이름을 부른다.

박자	하나	둘	셋	넷
모두 같이	아이	엠	그라	운드
	자기	소개	하	기
1번	–	–	홍길	동!
	–	–	신길	동!
2번	–	–	신길	동!
	–	–	고길	동!
3번	–	–	고길	동!
	–	–	이순	신!

박자	하나	둘	셋	넷
4번	–	–	이순	신!
	–	–	선생	님!

⑥ 모둠별로 익숙해지면 분단별로 도전해본다.

⑦ 분단별로 익숙해지면 학급 전체로 도전한다. 누구 이름이 불렸는지 헷갈릴 수 있다. 전체 이름을 칠판에 써놓고 이름이 불리면 바로 지운다.

손뼉 도미노

♬ **놀이 초점** : 손뼉 치면서 한 바퀴 연결하기

♬ **활동 순서**

모두 일어서서 큰 원을 만든다. 선생님도 같이 만든다.

① 선생님부터 시작한다. 옆으로 박수를 친다. 같은 속도로 한 사람씩 손뼉을 전달한다. (예 : 짝 → 짝 → 짝 → 짝……)

② 한 바퀴 다 돌아오면 손뼉 횟수를 2번으로 늘려 옆으로 전달한다.
(예 : 짝짝 → 짝짝 → 짝짝……. 한 바퀴 다 돌 때까지 한다.)

③ 손뼉 횟수 및 속도를 다르게 해서 전달한다.

④ 박수 대신 친구 동작 전달하기로 한 바퀴 돌릴 수 있다.

눈치 게임

♬ **놀이 초점** : 숫자 하나에 한 사람씩 일어서기

♬ **활동 순서**

① 숫자 하나에 한 명만 일어서야 한다.

② "일!"이라고 외치면서 자리에 일어선다.

③ 일어설 순서를 미리 정하면 안 된다.

④ 같은 숫자에 여러 명이 동시에 일어서면 1부터 다시 시작한다.

⑤ 숫자 하나에 한 사람씩 겹치지 않고 모두 일어서면 이긴다.

⑥ 숫자를 잘못 말해도 1부터 다시 시작한다.

⑦ 처음에는 모둠별로 1~4번(인원수가 4명)까지 눈치게임을 해본다. 모두 성공하면 분단별로 1~8번(인원수가 8명)까지 연습해본다.

⑧ 분단별로 대결을 한다.

⑨ 시도 횟수를 여러 번 주고 가장 많이 일어서는 팀이 이긴다.

자기 이름 말하기로 일어서면서 연습할 수 있다. 익숙해지면 숫자로 말한다. 1학년에게는 단순하고, 반복적인 놀이가 좋다. 1부터 10까지 숫자로 단계가 있는 놀이는 성취감을 누리는데 도움이 된다.

💬 바뀐 곳을 찾아라

🎵 **놀이 초점 : 관찰하기, 새로운 변화 만들기, 바뀐 곳 찾기**

🎵 **활동 순서**

① 선생님이 먼저 시범을 보인다.

② "엎드리세요. 책상 위에 엎드리세요." 모두 책상에 엎드리게 한 뒤 선생님이 3곳을 변화시킨다. 소매를 걸고, 귀걸이를 빼고, 셔츠를 집어넣었다.

③ "다 되었어요. 눈을 뜨고 선생님을 봅니다. 세 군데를 바꿨어요. 찾아보세요." 아이들은 고개를 들고 바뀐 곳을 찾는다.

④ "찾았으면 발표합시다." 말도 끝나기도 전에 "저요! 저요!" 한다. 한 사람이 하나만 발표할 수 있다.

⑤ 선생님이 한두 번 더 할 수 있다.

"방금 바뀐 곳은 그대로 두고 다른 곳을 바꿨어요."

두 번째 양말 벗고, 실내화 벗고, 허리띠 빼기.

세 번째 머리도 풀고, 카디건 자락 넣고, 바짓단 걷기.

⑥ 아이들이 변화를 만들어서 바뀐 곳을 찾게 한다.

이 게임은 바뀐 곳을 맞춰줘야 기분이 좋다. 맞힐 수 있게끔 눈빛이나 손짓으로 바뀐 곳을 알려주기도 한다. 아이들은 망가진 선생님 모습에 재밌어 한다. 실제 대부분 아이들은 비슷한 곳을 변화시키지만 지루해하지 않는다.

 고양이와 쥐

🎵 **놀이 초점 : 쫓고 쫓기**

🎵 **활동 순서**

① 전형적인 술래잡기 놀이다. 교실보다 넓은 공간이 더 좋다.

② 고양이 한 명과 쥐 한 명을 뽑는다.

③ 다른 아이들은 둘씩 손을 잡는다. 널찍널찍 선다.

④ 신호를 주면 쥐가 먼저 찍찍하면서 무리 속으로 도망가고, 고양이는 야옹야옹 하면서 쫓아간다.

⑤ 쥐는 잡힐 것 같으면 손잡고 서 있는 아이 손을 잡는다. 한 쪽 손을 잡으면 반대편 아이가 새로운 쥐가 되어 다시 도망간다.

⑥ 서 있는 사람들은 항상 2명으로 유지가 되어야 한다.

⑦ 쥐가 고양이에게 잡히면 새로운 고양이가 된다. 반대로 고양이가 쥐가 되어 도망간다. 역할이 바뀌면서 계속 달린다.

쥐는 계속 다른 사람 손을 잡으면서 쉴 수 있지만 고양이는 갈수록 힘이 빠진다. 무리하게 뛰는 경우도 있으니 선생님은 뛰는 아이들을 계속 관찰해야한다. 숨차기 전에 도움을 청하라고 한다.

변형 – 짝 바꾸기, 무궁화 꽃이 피었습니다

🎵 **놀이 초점 : 재빨리 짝꿍 바꾸기, 걷다가 멈추기**

🎵 **활동 순서**

'무궁화 꽃이 피었습니다.'와 놀이 규칙은 동일하다. 술래에게 다가가다 멈추는 것 말고 특별한 미션이 있다. 책상을 뒤로 다 밀어 놓고 두 팀으로 나눈다. 한 팀은 술래 한 명을 뽑고 나머지는 책상 위에 앉아 구경한다. 다른 팀은 한 쪽 벽에 서 있다.

① 술래가 "무궁화 꽃이 피었습니다."하고 뒤돌아봤을 때, 얼른 2명이 짝을 만들고 멈춰야 한다. 손을 잡거나 옷을 잡아도 된다. 그 상태에서도 움직이면 탈락이다.

② 다시 "무궁화 꽃이 피었습니다."하고 뒤돌아봤을 때, 새로운 짝꿍을 만난다. 바로 앞에서 만난 짝꿍 대신 다른 사람과 짝을 이룬다.

③ 2명은 안전하게 짝을 만들었는데, 다른 사람이 잡고 있으면 3명 모두 다 아웃이다. 혼자 있어도 아웃이다.

④ 원래 규칙과 달리 변형놀이는 아래 2가지로 마무리 한다.
   - 횟수 제한이다. 기회가 6번이라면 "무궁화 꽃이 피었습니다."를 여섯 번 말할 때까지 술래하고 가장 가까운 사람이 있는 팀이 이긴다.
   - 살아있는 사람 수 세기다. 술래가 여섯 번 외칠 때나 정해진 시간동안 팀 별로 몇 명이나 살아남았는지 세어본다.

 변형 – 소리통 찾기, 무궁화 꽃이 피었습니다

🎵 **놀이 초점 : 소리 잘 듣기, 소리통 넘기기, 걷다가 멈추기**

🎵 **활동 순서**

기존 놀이와 규칙은 같다. 술래가 소리통을 들고 있는 사람이 누구인지 맞히면 게임은 끝난다. 운이 좋아서 한 번에 끝낸 경우도 있고, 상대팀의 실수로 소리통을 떨어뜨려서 바로 패하는 경우가 있다. 책상을 뒤로 다 밀어 놓고 두 팀으로 나눈다. 한 팀은 술래 한 명을 뽑고 나머지는 책상 위에 앉아 구경한다. 다른 팀은 한 쪽 벽에 서서 다가갈 준비를 한다.

① 소리 나는 물건을 준비한다. 아이들 손에 쥘 수 있는 물건이 좋다. 클립 통이나 작은 악기도 좋다.

② 술래는 벽을 보고 있고, 다른 팀을 술래 등을 보고 일렬로 선다.

③ 서 있는 아이들은 통을 주고받을 수 있게 손을 허리 뒤로 내민다.

④ 선생님이 한 명의 손에 소리통을 올려놓는다.

⑤ 어느 정도 정리되면 "시작"을 외친다.

⑥ 술래가 "무궁화 꽃이 피었습니다."하고 뒤돌아봤을 때, 아이들은 앞으로 전진 하면서 소리통을 다른 손에 넘긴다. 소리통을 떨어뜨리거나, 소리통을 넘기지 못하면 그 팀은 아웃이다. 선생님은 소리통의 이동을 살펴봐야 한다.

⑦ 술래는 누가 소리통을 가지고 있는지 이름을 맞힌다. 딱 한 번 지목할 수 있다. 틀리면 다시 "무궁화 꽃이 피었습니다."를 시작한다.

⑧ 소리를 듣고 맞히기보다 친구 얼굴을 보고 추측하여 맞히는 경우가 더 많다.

변형 – 흉내 내기 무궁화 꽃이 피었습니다

♬ 놀이 초점 : 지시하는 동물 목소리나 몸짓 흉내 내기, 걷다가 멈추기

♬ 활동 순서

① 이 놀이는 팀으로 나눠도 되고, 1대 다수로 진행해도 된다.

② '몸짓과 소리 흉내 내기 무궁화 꽃이 피었습니다.'라고 할 수 있다.

③ 술래가 "(   ) 꽃이 피었습니다."하고 뒤돌아봤을 때, 해당 지시어를 흉내 내면 된다. 두 종류로 지시어를 바꿔서 부를 수 있다.

　– 주어변형으로 "(강아지) 꽃이 피었습니다."하면 아이들은 멈춘 자리에서 강아

지 흉내를 낸다.

  - 동사변형으로 "무궁화 꽃이 (잠을 잡니다)."하면 아이들은 전진하다가 멈춘
    그 자리에서 잠을 자는 동작을 취하면 된다.
④ 술래는 지시어에 맞게 잘 흉내 내는지 살펴보고 미흡하면 탈락시킨다.
⑤ 놀이 마무리는 원래 규칙대로 연결한 손을 끊어주고 도망가면 된다.

💬 진주! 조개! 폭탄!

🎵 **놀이 초점 : 재빨리 자리 뺏기, 지시어 경청하기**

🎵 **활동 순서**

① 책상을 다 밀어두고, 교실 공간을
  넓힌다.
② 세 명이 한 팀이 되어 두 명은 조
  개껍데기, 한 명은 진주가 된다.
③ 조개껍데기는 마주보고 두 손을 잡
  는다. 진주는 그 사이에 들어간다.
④ 술래 한 명을 뽑는다. 술래는 "시작
  합니다!"라고 외치며 전체를 집중시킨다.

⑤ 술래는 다음 3가지의 지시어를 외칠 수 있다.

  - "진주!"라고 외치면 진주들끼리 자리를 바꾼다. 이 때 술래는 비어있는 조개
    껍데기 사이에 들어간다. 그리고 술래도 "진주"가 된다. 다른 조개껍데기에
    들어가지 못한 사람은 술래가 된다.
  - "조개!"라고 외치면 조개껍데기들이 두 손을 잡은 상태로 움직이면서 다른
    진주를 찾는다. 진주는 움직이면 안 된다. 술래는 얼른 움직이는 조개껍데기
    사이에 들어가서 "진주"가 된다. 조개껍데기가 없는 진주가 술래가 된다.
  - "폭탄!"이라고 외치면 모두 해체되어 새로운 진주와 조개껍데기를 만든다. 이
    때 남은 아이가 술래가 된다.

교실에서 편하게 할 수 있었다. 진주·조개·폭탄은 목소리가 작으면 잘 들리지 않아 진행이 매끄럽지 않는다. 술래가 외치면 동시에 선생님이 한 번 더 크게 외쳐준다. 게임 형태도 아주 간단하고 반복적이다.

💬 빈자리 채우기

🎵 놀이 초점 : 자기 옆 빈자리 채우기, 손잡고 움직이기

🎵 활동 순서

① 학생이 20명이면 의자 1개 추가해서 의자 21개를 준비한다.

② 모두 의자를 원형으로 두고 앉는다. 빈 의자를 하나 더 끼워 넣는다.

③ 빈자리가 생겼다. 빈자리 양 옆에 앉은 사람 둘이 재빨리 다른 친구를 데려와서 앉혀놓는다.

④ 빈자리 양옆의 두 사람은 손을 잡고 자리에서 일어선다.

⑤ 누굴 앉힐지 결정했으면 그 사람 손을 잡고 빈자리에 데려와서 앉힌다.

⑥ 그 사람이 빠져나가면서 새 빈자리가 생겼다. 다시 양옆에 있는 두 사람도 얼른 빈자리를 채우기 위해 일어선다.

⑦ 흥겨운 음악을 틀어주면 반복적인 움직임이 지겹지 않다.

⑧ 음악이 끝날 때까지 빈자리를 못 채우거나 자리에 앉지 못하면 벌칙을 받는다.

⑧ 벌칙은 별다른 게 없다. 머리에 핀을 꽂아 주거나, 얼굴에 스티커를 붙여주거나 빨래집게로 옷을 집어줘서 벌칙을 표시하는 게 다다.

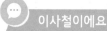

🎵 **놀이 초점 : 자리 뺏기, 지시어에 따라 재빨리 움직이기**

🎵 **활동 순서**

① 학생이 20명이면 술래 한 명 빼고 의자를 19개만 준비한다.

② 모두 의자를 원형으로 두고 앉는다. 한 명을 술래로 세우고, 의자도 하나 뺀다.

③ 술래가 앉아있는 아이들에게 다가가서 묻는다. "빈 방 있어요?"

④ 질문을 받은 아이는 다음 셋 중 하나로 대답할 수 있다.

　　"네!", "아니요!", "이사철이에요!"

⑤ "네!"라고 하면 대답한 아이는 가만히 있고, 바로 옆에 앉은 두 명이 얼른 자리
　　를 바꿔 앉는다.

⑥ 두 사람이 자리를 바꿔 앉기 전에 술래도 얼른 그 자리 중 하나를 차지한다. 못
　　앉은 사람이 술래가 된다.

⑦ "아니요!", "없어요!"라고 하면 술래는 다른 친구에게 가서 다시 묻는다.

⑧ "이사철이에요!"라고 하면 술래를 포함한 모든 사람들이 자리를 바꾼다. 의자에
　　급하게 앉다가 의자 사이에 손이 낄 수 있으니 조심한다. 두 사람이 한 의자에
　　동시에 앉으면 가위 바위 보로 해결한다.

💬 **인간장애물 통과하기**

🎵 **놀이 초점 : 몸으로 장애물 만들기, 장애물 통과하기**

🎵 **활동 순서**

① 두 팀으로 나눈다. 보통 홀수, 짝수로 나눈다.

② 장애물 팀과 통과 팀으로 나눈다.

③ 장애물 팀은 2인 1조로 서로 서로 적당한 간격을 두고 선다.

④ 2인 1조 둘은 몸을 이용해서 장애물을 만든다.

⑤ 장애물은 놀이가 진행되는 동안 무너지지 않고 튼튼해야 한다. 상대 팀이 통과
　　할 수 있게 공간을 만들어 준다.

⑥ 통과 팀은 출발선에 서 있다가 한 명씩 장애물을 통과한다. 장애물 옆으로 돌아 가면 안 되고 두 사람의 사이를 통과한다.

"뛰면 안 됩니다. 발로 차도 안 됩니다. 앞 사람이 다음 장애물로 옮겨갈 때까지 출발하지 마세요."

⑦ 다음 사람도 이어서 출발한다. 모두 다 들어오면 끝난다. 가장 빨리 들어오는 팀 이 이긴다.

몸과 몸 신체 접촉하기

🎵 놀이 초점 : 이동하기, 신호에 맞춰 신체 접촉하기

🎵 활동 순서

① 신체 접촉이라는 반복적인 행동으로 많은 사람을 만나는 게 목적이다.

② 전체 다 일어서서 걷는다.

③ 음악도 틀어주며 자연스럽게 걷게 한다.

"앞으로도 걷고, 옆으로도 걷고, 방향도 바꿔가며 걸어보세요."

④ 신호를 보낸다. "하나! 둘! 손!" 하면 아이들은 가까이 있는 사람과 얼른 손을 맞 댄다. 손을 맞대고 계속 걷는다. 손이 떨어지지 않도록 조심한다.

⑤ 다시 걷도록 안내한다.

⑥ 다시 "하나! 둘! 바꿔!"하면 얼른 다른 사람 손을 바꿔서 댄다.

⑦ 여러 사람이랑 손을 대도 된다. 혼자 있지 말고 꼭 다른 사람들을 찾아가도록 한다. 등을 대거나 팔짱 끼는 걸로 바꿀 수 있다.

낙서한 사람이 누구일까요?

🎵 **놀이 초점** : 적절한 질문해보기, 낙서한 사람 찾기

🎵 **활동 순서**

① 모둠별 게임이다.

② 복도 쪽 교실 문에 4절지를 붙인다.

③ "게임 시작!"하면 첫 번째 모둠이 크레파스를 들고 나간다.

④ 교실에 있는 나머지 모둠들은 경쾌한 음악을 들으며 기다린다. 음악이 없으면
자꾸 복도 쪽에 집중하게 된다.

⑤ 복도에 있는 아이들은 낙서할 사람 한 명을 정한다. 그 한 명만 크레파스로 낙
서를 한다. 욕이나 거친 말만 빼고 자유롭게 쓰거나 그린다.

⑥ "들어오세요."라고 신호를 주면 모두 크레파스를 들고 들어온다.

⑦ 낙서 모둠은 친구들을 바라보면 않는다.

⑧ 다른 모둠은 질문을 한다. 한 사람씩 지목해서 묻는다.

　"어제 뭐 했어?", "왜 떨어?", "네가 범인이지?", "뭐라고 썼어?"

⑨ 질문이 끝나면 각 모둠은 낙서한 사람 한 명을 결정한다.

⑩ 낙서한 사람을 맞힌 모둠에게 점수를 준다.

⑪ 다음 모둠이 크레파스를 들고 나가면서 계속 반복한다.

⑫ 낙서한 종이를 함께 보면서 놀이를 마무리 한다.

나. 마임으로 풀어가는 교과수업

 무얼 봤을까? – 통합교과 봄

　말없이 몸짓 표현하기는 마임의 첫걸음으로 "무엇을 했니? 무엇을 봤니? 무엇을
먹었니?"와 같은 질문으로 접근한다. 몇 초 만에 끝나는 동작 하나지만 그 하나를 선
택하는데 많은 고민을 했을 것이다. 그 고민을 칭찬해준다.

♬ 놀이 초점 : 몸으로 표현하고 맞히기

♬ 활동 순서

① 학교 오면서 볼 수 있는 거, 봤던 것으로 이야기를 나눈다.

② 그 중 하나를 마임으로 표현한다.

③ 선생님이 시범을 보인다.

④ 한 명씩 나와서 보여준다.

⑤ 정답을 맞히고 계속 반복한다.

내가 먼저 두 팔을 위로 펼쳤다. 나무라고 쉽게 표현했는데 의외로 못 맞춘다. 흔들리는 나뭇가지를 흉내 내기 위해 팔을 움직였다. 태극기, 허수아비까지 나온 뒤에야 '나무' 정답이 나왔다.

처음에는 동작이 작다. 폴짝거린 아이를 보고 새란다. 그냥 기어가는 아이는 개란다. 발 다친 개란다. 한 아이가 나오더니 다친 개는 이렇게 걸어야 한다며 동작을 수정해준다. 그 외 자동차, 개구리, 그네, 육교가 나왔다. 아이들 표현이 뭔지 모르겠다. 그런데 아이들은 이미 정답을 알려주고 온 것처럼 잘 맞힌다. 순식간에 정답을 외치고 맞혔다고 좋아서 박수까지 친다.

 소풍갈 때 무얼 가지고 갈까? – 현장학습, 안전교육

♬ 놀이 초점 : 몸으로 사물 표현하고 맞히기

♬ 활동 순서

① 현장체험학습 하루 전에 준비물을 몸으로 기억해보자.

② 준비물을 마임으로 표현하게 한다.

③ 빈 가방을 준비하고, 내일 챙겨갈 소풍 가방이라고 설명한다.

④ 시범을 보인다. 가방에서 무언가를 꺼낸 척하고 뚜껑을 열어 꿀꺽꿀꺽 마시는 모습을 보여줬다.

⑤ "물통!" – 정답이다. 그 물건을 가방에 넣는 시늉을 한다.

⑥ 아이들 차례다.

⑦ 분단별 또는 모둠별로 원을 만들어서 둘러앉는다.

⑧ 가방을 옆 사람에게 돌리면서 한 명씩 마임으로 보여주고 맞힌다.

⑨ 안내장을 보면서 발표했던 것들을 찾아서 표시한다.

⑩ 잊지 말고 내일 꼭 챙겨오라며 당부하고 끝낸다.

한 아이가 무언가 집어 먹는다. "김밥?" 딩동댕! 다른 아이가 손으로 무언가 집어서 먹는다. 앞 사람과 비슷한 동작이다. 그러나 정답은 과자다. 또 다른 아이가 무언가를 마시는 동작을 한다. 음료수도 물도 아니란다. 보고 있던 아이들이 다시 보여 달라고 한다. 캔 음료를 따서 마시는 동작이었다.

"선생님! 얘가 자꾸 아니라고 해요!"

결국 나를 부른다. 그 아이에게 무엇인지 말해달라고 했다. 정답은 커피다.
다른 아이들 반응이 대단했다. "어떻게 아이가 커피를 마시냐!"
"우리는 마시지 않지만, 이 친구는 커피도 갖고 가고 싶은가 봐요." 겨우 수습했다.

무엇을 먹나요? - 통합교과 가을

♫ 놀이 초점 : 단계에 맞게 움직이기, 협력하기

♫ 활동 순서

① 1단계는 한 사람씩 나와서 좋아하는 음식을 먹는 모습을 보여준다.

② 다른 아이들은 어떤 음식을 먹고 있는지 맞힌다.

③ 2단계는 모둠끼리 어떤 음식을 만들지 정한다. 모둠별 음식이 같아도 표현방법
   이 다를 수 있으니 상관없다.

④ 특정 요리를 4단계로 쪼개어 만들어서 먹는 모습까지 표현한다. 모든 단계는 말
   없이 마임으로만 보여준다.

⑤ 만약 다른 모둠이 맞히지 못하면 요리 재료를 말로 설명해주면서 다시 보여준다.

"선생님, 선물이에요." 수업이 끝나고 한 여자아이가 친구들이 발표한 음식을 그려서 내게 선물이라며 가져왔다.

 교과서 동물 카드를 활용한 마임

교과서에서 뜯겨져 나온 그 많은 카드를 어떻게 재활용하면 좋을까? 두 번 뒤집어 같은 카드면 가져가기, 가위 바위 보로 이긴 사람이 한 장씩 가져가기로 재활용할 수 있다.

♬ **놀이 초점 : 특징 살려서 몸짓으로 동물 표현하기, 같은 동물 찾기**

♬ **활동 순서**

① 카드 중에서 몸짓으로 흉내 내기가 가능한 걸로 추린다. 예를 들어 다람쥐, 나비, 소, 닭으로 2장 이상씩 준비한다.

② 카드를 섞어 뒤집어 놓고 한 사람이 한 장씩 가져간다.

③ 가져간 카드 내용을 기억해 둔다.

④ 의자에서 일어나 자유롭게 걷는다. 뛰지 않고 천천히 걸어본다.

⑤ 걷다가 선생님 신호를 듣고 멈춘다. 자기 카드 속 동물을 몸짓으로 표현한다. 다른 친구들의 움직임도 관찰한다.

⑥ 신호를 주면 다시 걷다가 멈춘다.

⑦ 두 번째는 동물 몸짓과 울음소리까지 보여준다. 다른 친구도 관찰한다.
   한 명이 조용히 다가온다. "전 나비여서 소리가 없어요." 이런 경우 소리를 상상해서 표현하거나, 소리 없이 있어도 된다.

⑧ 세 번째 "같은 동물을 찾으세요." 신호를 받으면 같은 동물을 찾아 교실 바닥에 앉는다. 서로 같은 동물인지 확인한다.

⑨ 다른 동물들에게 자기들이 어떤 동물인지 소개하면서 마무리한다.

⑩ 다시 카드를 섞어서 한 번 더 진행할 수 있다.

주변에 볼 수 있는 동물을 몸짓으로 표현하고 맞히기를 했다. 토끼, 강아지, 나비,

새처럼 주변에서 볼 수 있는 동물을 표현했다. 한 아이가 바닥에 엎드리더니 배로 기어 다닌다. 아이들은 너무 쉽다는 듯 정답을 외친다.

"뱀!" - "땡!"
"지렁이!" - "땡!"

다 틀렸단다. 정답은 "킹 코브라!" 더 정확히 맞혀야 했다. 아이들은 코브라도 뱀이라고 항의를 했지만 그 아이는 "뱀"은 정답이 절대 될 수 없다고 단호하게 말했다.

 풍선 여행보내기 마임

🎵 **놀이 초점 : 풍선 떨어뜨리지 않기**
🎵 **활동 순서**
① 풍선을 불어서 준비한다. 밝은 음악도 준비한다.
② 우리 대신 풍선이 먼 여행을 떠난다고 알려준다.
③ 손으로 툭툭 치면서 풍선을 계속 떠 있게 한다.
④ "산에 가요. 바다에 가요." 말로 하는 것보다 장소가 연상되는 노래를 들려준다. 음악 분위기나 노래에 맞춰 움직인다.
⑤ "풍선이 지쳤어요. 쉬어야 해요." 풍선을 잡고 자리에 앉아 쉰다.
⑥ "아침이에요. 다시 시작합니다." 풍선 여행을 반복한다.
⑦ 마무리로 풍선 터트리기를 할 수 있다.

그런데 나는 풍선이 무섭다. 그러나 우리 아이들은 자기 사물함에 풍선을 두고 쉬는 시간에 꺼내어 놀아도 되고, 집에 가져가도 된다.

다. 연극놀이로 봄, 여름, 겨울

 내 얼굴 찾기 - 통합교과 봄, 친구

🎵 놀이 초점 : 친구 얼굴 관찰하기, 주어진 시간에 그리기

🎵 활동 순서

① 두 팀으로 나눈다. 짝꿍끼리 복도 쪽, 운동장 쪽 벽으로 흩어져서 서로 마주보고 앉는다.

② 짝꿍 얼굴을 관찰한다.

③ 5분 동안 그린다. 그림 뒤에 짝꿍 이름을 써서 선생님께 낸다.

④ 그림을 걷어서 칠판에 붙인다.

⑤ 모둠별로 나가서 자기 얼굴을 찾는다.

⑥ 자리에 앉은 다음 그림 뒤에 쓴 이름을 확인한다.

⑦ 잘못 가지고 왔으면 다시 칠판에 붙여 놓고 자리로 돌아온다.

⑧ 칠판에는 주인을 찾지 못한 얼굴들이 남아있다.

⑨ 다시 한번 자기 얼굴들을 찾아 확인하고 정리한다.

1학년의 인물 그림은 실제 인물과 비교하기 어려웠다. 잘 알아볼 수 없었다. 점이나 안경, 머리핀을 과장되게 그린다. 이 날도 누가 봐도 알아보기 힘든 그림 2개가 남았다. 남은 아이도 2명. 한 명이 가장 못난 그림을 가져간다. 이제 한 장이 남았다. 남은 아이도 1명. 계속 서 있다. 절대 가져가지 않는다. 울 것 같다. 먼저 가져간 아이가 "내 그림이 더 이상해."하면서 위로하면서 그냥 들고 가란다.

- 누구는 자기 안경색이 틀렸다고 기분 나빠 했다.
- 누구는 짝꿍이 자기를 너무 잘 그려줘서 고맙다고 했다.
- 그림을 못 그려서 짝꿍에게 미안하고 했다.

유쾌하고 간단한 놀이가 될 줄 알았는데 그리는 과정은 바빴고, 그림을 보고 어이

없어하고, 미안해하고, 양보하고, 위로했다. 얼굴 찾기가 아니라 그림 뒤에 숨어있는 보물 같은 자기 이름 찾기를 하면 어땠을까?

 내 짝 찾기 – 통합교과 봄, 친구

♫ **놀이 초점 : 촉감 기억하기, 촉감 구별하기, 내 짝 찾기**

♫ **활동 순서**

① 큰 원을 만들어 선다. 서있는 위치에서 둘씩 짝을 만든다.

② 처음부터 짝꿍이랑 손을 잡고 원을 만들어도 된다.

③ 둘이 손을 잡고 서로 마주본다. 20~30초 정도 시간을 주면 서로의 손바닥과 손등 촉감을 기억한다.

④ 술래로 1명을 뽑아 안대를 씌운다.

"이제 너는 눈을 감고 손을 만지면서 짝꿍을 찾아야해!"

⑤ 다른 사람들은 배꼽 위치로 낮춰서 손을 뻗는다.

⑥ 선생님은 술래가 안전하게 걸을 수 있게 도와준다. 한 바퀴 돌면서 모든 손을 만져본다. 다시 돌다가 짝꿍 손을 찾으면 "찾았다."를 외친다.

⑦ 안대를 벗고 정답을 확인한다.

나도 해봤다. 생각보다 어려웠다. 촉감 대신 목소리로 찾아도 된다. 술래의 이름을 부르거나 "나 여기 있어."하며 목소리를 반복적으로 들려준다. 동시에 여러 소리가 섞여서 들렸다. 선생님이 못 맞히니 그리 좋아한다.

 거울놀이 – 통합교과 봄, 친구

♫ **놀이 초점 : 몸동작 놓치지 않고 계속 따라 하기**

♫ **활동 순서**

① 선생님과 아이 한 명이 시범을 보인다. 마치 둘 사이에 거울이 있는 것처럼 마주보고 선다.

② 아이가 먼저 천천히 한 동작씩 움직이고 멈춘다.

③ 선생님도 그대로 따라 한다. 말없이 따라한다.

④ 아이들 두 명을 뽑는다. 가위 바위 보를 한다.

⑤ 누가 거울을 할 건지, 사람을 할 건지 정한다.

⑥ "시작!"하면 사람은 움직이고 거울은 따라한다.

💬 물방울 놀이 – 통합교과 여름

🎵 놀이 초점 : 달리기, 술래랑 손잡고 같이 달리기

🎵 활동 순서

① 반 전체를 데리고 넓은 곳으로 간다. 운동장이나 강당이 좋다.

② 시범을 보이면서 설명한다.

③ "선생님은 물방울이야. 너희를 잡으러 뛰어갈 거야. 이렇게 달리다가 나에게 잡히면 그 사람은 나랑 같은 물방울이 될 거야. 우리는 손을 잡고 또 뛸 거야. 또 사람을 잡으러 갈 거야. 설명처럼 한 명이 뛰어서 다른 사람을 잡으면 두 명이 손잡고 또 뛰어. 또 잡으면 세 명이 되어서 또 뛰는 거야. 손을 놓치거나 넘어지지 않게 조심이 뛰어야 한단다."

④ 이제 술래를 뽑는다. 학급별 상황에 맞게 3~4명을 뽑는다.

⑤ 술래가 달리기 전에 다른 아이들은 멀찌감치 떨어져 있다.

⑥ 한 줄에 다섯 명 정도 만들어지면 그만 달리게 한다.

⑦ 너무 잘 달려서 잡히지 않은 아이들도 있다. 다른 팀을 선택해서 들어 갈 건지, 너희들끼리 한 팀이 될 건지 선택하도록 한다.

⑧ 함께 잡힌 사람끼리 몸으로 표현할 수 있는 주제를 준다.

구분	물방울 이름	표현할 주제
1	종이, 캔, 플라스틱, 비닐	재활용되는 물건
2	하늘, 땅, 바다, 강	해당 장소에 사는 동물
3	봄, 여름, 가을, 겨울	해당 계절에 볼 수 있는 장면

구분	물방울 이름	표현할 주제
4	콩쥐, 토끼, 신비, 자두	해당 인물이 있는 이야기 장면

과일샐러드 – 통합교과 여름

🎵 **놀이 초점 : 여름 과일 이름 기억하기, 자리 차지하기**

🎵 **활동 순서**

① 학생이 20명이면 술래 의자 하나만 빼고 의자 19개를 준비한다.

② 의자를 원형으로 두고 모두 앉는다. 수박, 참외, 포도, 자두 등 4가지 정도 과일 이름을 순서대로 정해준다. 자기가 무슨 과일인지 꼭 기억한다.

③ 그 중 한 명을 술래로 세우고 의자 하나를 뺀다.

④ 술래는 가운데 선다. 앉아있는 사람이 질문하고 술래는 대답한다.

⑤ "○○야, ○○야, 넌 어떤 과일을 좋아해?"라고 물으면 술래는 과일 중 하나를 외친다. "사과!"라고 외치면 사과인 친구들만 자리를 바꾼다. 연습으로 배, 딸기, 포도 순서대로 자리를 바꿔 앉아 본다.

⑥ 같은 과일끼리 자리를 바꿀 때 술래가 빈자리를 차지하면 된다.

⑥ 과일 이름 두 개를 동시에 불러도 된다. "과일샐러드"라고 외치면 모두 자리를 바꾼다. 이 놀이를 위한 교사의 도움말이다.

- 한 번 사과는 끝까지 사과입니다.
- 자리를 바꿀 때 친구를 밀치지 마세요.
- 자기 옆에 앉으라고 친구를 잡아당기지 마세요.
- 일부러 술래가 되려 하지 마세요.
- 자리에 앉기 위해 노력하세요. 일부러 넘어지지 마세요.
- 같은 자리에 동시에 앉았으면 가위 바위 보를 해서 정하세요.
- 다른 과일도 불러주세요. 너무 한 가지 과일만 외치지 마세요.
- 3번 이상 술래가 되면 3분 동안 놀이 밖에서 친구들을 관찰합니다.
- 3분이 지나면 다시 놀이 속으로 들어오세요.

변형 과일샐러드

♬ 활동 순서

① 과일샐러드와 놀이 방법은 같다. 과일 대신 다른 이름을 쓴다.

② 비빔밥(밥, 참기름, 콩나물, 달걀)으로 바꿔도 된다.

③ "○○야, ○○야, 넌 어떤 과일을 좋아해?" 대신

　"○○야, ○○야, 넌 (　)을 좋아해?" (　)안에 넣을 말을 바꿔본다.

④ 동물원, 비빔밥, 팥빙수, 떡볶이, 꽃밭, 햄버거, 샌드위치처럼 특정 범주와 관련된 단어를 알아보는데 도움이 된다.

주제	이름	질문
우주	지구, 달, 화성, 금성	넌 어떤 (별)을 좋아하니?
동물원	호랑이, 사자, 기린, 펭귄	너는 어떤 (동물)을 좋아하니?
옷장	치마, 바지, 양말, 셔츠	넌 어떤 (옷)을 좋아하니?
꽃밭	튤립, 무궁화, 장미, 개나리	넌 어떤 (꽃)을 좋아하니?

　과일 이름을 불렀을 때는 조용하더니 과일샐러드가 나오면 모두가 소리를 지르면서 이동한다. 술래에 욕심이 있는 아이들은 빈자리를 봐도 앉지 않고 머뭇거리다가 다른 아이에게 양보하는 척한다. 3번 이상 술래가 된 사람에게 3분 아웃이라는 벌칙을 가지고 왔더니 좀 나아졌다. 그래도 술래역할보다 자리에 집착하는 아이들이 더 많다. 어떤 아이는 자리를 놓쳤으면서 다른 아이 무릎에 앉아서 계속 버틴다.

 진진가 게임 – 여름방학 끝나고 개학한 첫날

♬ 놀이 초점 : 진짜 2개와 가짜 1개 쓰기, 가짜 찾기

♬ 활동 순서

　진진가는 진짜, 진짜, 가짜를 뜻한다. 친구가 말하는 세 가지 정보 중 거짓을 찾아 맞힌다. 친구에 대해 잘 알면 쉽게 맞힐 수 있다.

① A4 종이 반 씩 나눠준다.

② 이름을 쓰고 순서와 상관없이 진짜 두 개와 가짜 한 개를 쓴다.

　나는 동생이 있다.

　나는 5월에 태어났다.

　나는 돌봄 교실에 다닌다.

③ 다 쓰면 종이를 걷어서 섞는다.

④ 한 명씩 나와서 자기 것을 읽는다. 다른 친구들은 가짜 정보를 찾는다.

　1번이 가짜라고 생각한 사람?

　2번이 가짜라고 생각한 사람?

　3번이 가짜라고 생각한 사람?

⑤ 가짜를 공개하고 다음 사람이 또 시작한다.

방학 마치고 개학 첫 날 하면 좋다. "내가 여름방학동안 했던 일"이란 주제로 진진가 게임을 하고 다시 떠올린 기억을 바탕으로 여름방학동안 있었던 일을 그림으로 그리게 한다.

💬 소리 크레센도 – 통합교과 겨울, 나라 사랑

🎵 **놀이 초점 : 소리 강약 표현하기, 소리 강약을 듣고 물건 찾기**

🎵 **활동 순서**

① 소리 높낮이로 물건을 찾는 놀이다.

② 술래가 찾아야할 물건과 찾을 때 부를 노래를 정한다. 우리는 '태극기가 바람에 펄럭입니다.'를 부르며 태극기를 찾기로 했다.

③ 술래는 잠깐 복도에 나가 있거나 눈을 가리고 있도록 한다.

④ 교실에서는 물건을 가지고 있을 한 명을 정한다.

⑤ 시작한다. 복도에 있는 술래를 들어오게 한다. 노래를 부른다.

⑥ 술래가 물건 가까이 가면 노래를 크게 부르고, 멀어지면 낮춰 부른다.

⑦ 술래는 물건을 갖고 있는 사람 근처에 왔다고 확신이 들면 정답을 외친다.

당황한 사건이 있었다. 물건을 숨겨 놓기 위해 술래를 잠깐 복도로 내보냈다. 교실 문이 열린다. 교장선생님이다. 밖에 있던 술래를 교실로 들여보내시며 아이를 복도에 세워 벌주지 말라고 당부하셨다. 나는 당황스러운데, 아이는 웃는다. 어떻게 하고 있었냐고 물어보니, 심심해서 무릎 꿇고 손들고 있었다고 한다. 그 뒤로 밖에 보낼 때 제발 손을 들고 있거나 무릎은 꿇지 말라고 당부한다.

 쉬어가는 페이지 - 우리들은 1학년입니다.

이제 우리 아이들을 소개하려 한다. 몇 년에 걸쳐 만난 1학년이다. 제한된 시간 동안 관찰한 것으로 섣부른 판단이 반영된 내용이다. 확실하다. 그러나 여기, 한 두 문장으로 소개된 아이들은 교육연극 수업 속에서는 다른 모습으로 나타난다.

불만이 많다. 친구들과 어울리지 않고 선생님에게 관심도 없다. 반말을 잘한다. 존댓말을 써야 하는 역할에도 반말을 쓴다. 칭찬을 받고자 하는 욕심은 많지만 정작 발표도 안하고 멍하니 있거나 남의 발표를 구경하고 웃는다.

바른 자세로 한 두 시간 버티는가 싶지만 금방 자세가 무너지고 의자로 쿵쾅거린다. 집에서는 어수선하고 막무가내라 걱정하신다. 하지만 연극놀이나 즉흥극에서는 표현력이 좋고 표정도 밝다.

자기가 좋아하는 아이가 있으면 꼭 껴안고 볼에 뽀뽀를 한다. 모든 활동에도 적극적이다. 연극놀이와 즉흥상황을 즐길 줄 안다. 또 모든 것에 간섭하고 심지어 선생님처럼 친구들에게 잔소리를 한다. 소극적인 아이들이 모둠에 있을 땐 이 아이의 적극성이 도움이 된다.

선생님과 일대일 대화를 좋아한다. 발표도 나만 보고 한다. 그러나 목소리가 너무 작고, 중요한 순간에 포기한다. 자기가 할 수 있는 것과 없는 것을 판단하지 못하고 무조건 손을 든다. 연극놀이를 할 때 자주 넘어지고 친구들과 부딪혀 보건실로 자주 가는 바람에 놀이가 중단되기도 한다.

도통 발표를 하지 않는다. 얼음처럼 가만히 있어 모둠 활동에 어려움을 느끼는 아이다. 나와 눈도 맞추려하지 않는다. 심지어 놀이시간에도 주머니에 손을 넣고 가만히 서 있다. 이 조용한 아이에게는 놀이가 부담스러워 보였다.

손은 자주 들지만 질문과 별개의 이야기를 하거나 앞 친구의 이야기를 그대로 따라한다. 짝을 만들어야 하는 놀이에서 자주 탈락된다. 뜻대로 몸이 잘 따라주지 않아 술래가 자주 되고 게임 흐름도 자주 끊긴다. 말로 표현하는데 단어가 어울리지 않고 주어, 서술어가 맞지 않는다.

자기 차례를 기다리지 못하고 성급하다. 평소에는 말도 많고 간섭도 많은 아이다. 어떤 경우에는 움직이지도 않고 불리하면 말도 안 한다. 한다고 해놓고 못하겠다고 빼기도 하고 남을 방해하기도 한다.

활발하다. 그러나 욕심이 많아 다른 아이들이 무엇인가 하면 자기도 꼭 해야 한다. 질투도, 부러움도 많다. 가끔 자기 잘못을 인정하지 않고 다른 친구의 잘못이라고도 한다. 울어서 모든 것을 해결할 때도 있다.

남의 말과 행동에 예민해서 툭하면 운다. 놀다가 몸이 조금만 닿아도 때렸다고 울어서 활동이 자주 끊긴다. 게임을 이해하는 데 시간이 많이 걸린다. 글을 잘 읽지 못하지만 발표하는 걸 좋아한다.

즉흥극의 달인이다. 역할과 상황에 맞는 몸짓을 정확히 찾고 표현도 좋다. 애드리브도 잘하고 맥락 없는 친구들의 움직임도 잘 받아준다. 친구에게 도움을 주고 적절한 역할도 나눠줄 수도 있다.

인정받으려는 욕구가 강하다. 집중력도 높아 게임에서 지는 경우는 거의 없다. 모둠에 잘 협동한다. 즉흥극에서는 대사 없이 몸짓 위주로 보여준다. 열심히 움직이나 아직 세련된 맛은 없다.

선생님 도우미를 지원하며 뭐든 열심히 활동한다. 가끔 과한 경우도 있다. 모둠에서 인정받지 못하는 리더가 되기도 한다. 남학생이 경계하는 대상이다. 힘이 아주 세다.

목소리도 좋다. 자신감도 있다. 어휘력과 문장력도 우수하고 말도 잘한다. 일반 수업에서만 적극적이고 교육연극수업에서는 소극적이다. 즉흥적인 상상력을 요구할 땐 힘들어한다. 그 때마다 아프단 말을 자주 한다.

항상 들떠 있다. 놀이에서 규칙을 잘 지키지 못하고 제어가 어려울 때가 있다. 자주 다친다. 선생님을 무서워하면서도 막상 놀이 상황에선 경계를 넘어 혼나는 경우가 있다. 움직이고 노는 것을 너무 좋아해서 교육연극수업을 정말 좋다고 한다. 덕분에 자신감과 발표력도 늘었다.

가장 큰 소리로 인사를 하고 표정도 밝다. 다른 아이들보다 자기가 늦다고 생각하면 당황한다. 유치원 때 연극을 잘했다고 한다. 자신감도 많았으나, 자기보다 더 잘하는 아이를 발견하자 풀이 죽었다. 자기가 하고 싶은 것만 해서 모둠활동을 거부하는 경우도 많다.

말도 잘한다. 거짓말과 변명도 많았다. 남이 하면 폭력이고 자기가 하면 장난이란다. 게임 이해력과 순발력이 좋아 연극놀이에서 자신감이 넘친다. 또 워낙 목소리도 좋고 역할 이해가 빨라서 친구들과 선생님께 칭찬을 많이 받는다.

급하다. 급해서 학습지에 이름도 안 쓰고 숫자 0도 6처럼 휘갈긴다. 걷다가 앞 친구와 자주 부딪히고 뒤꿈치도 자주 밟는다. 급해서 바닥에 떨어진 지우개를 찾지 않고, 없어졌다고 울먹인다. 칭찬받을 땐 세상 행복한 표정을 짓는다.

여름방학이 2주일이라고 했더니, 선생님 이름이 이주진이니까 이주일이냐고 묻는다. 나쁜 장난은 좋지 않다고 했더니, 그러면 착한 장난도 있냐고 물어본다. 가끔 내 책상 밑에 숨어서 놀라게 한다. 글씨도 삐뚤삐뚤 엄청 크고, 연필은 항상 어디에 던져놓고 사인펜을 사용한다. 반면 아이의 목소리와 움직임, 역할에 대한 이해력은 특별하다.

시간이 약이었나?

아이들과 재미있게 1년을 살아볼 요량으로 출발했던 연극놀이가 술래를 정하는 과정에서 자기만 안 시켜준다고 집에 가서 울고, 학부모가 서운하다고 전화를 했다. 놀이 속에 푹 빠져있는 모습을 찍어서 학급커뮤니티에 올렸는데, '우리 아이 모습이 왜 밝지 않냐?', '우리 아이는 항상 저러냐?', '왜 우리 아이는 사진에 찍힌 횟수가 적은 이유가 뭐냐?'고 다시 질문을 받았다.

그렇다. 잊고 있었다.

교실 민원으로 표현되는 학부모 전화는 수업 과정에서 발생하는 것도 아니었고, 모든 아이에게 해당되는 문제도 아니었다. 어쩔 것인가? 그냥 털어야지. 의사소통의 문제다. 오해야 항상 있을 수 있다.

그래서 다시 했다.

같은 수업으로 같이 살아가는 아이들의 1년.
봄, 여름, 가을, 겨울을 지낸 선생님과 아이들의 수업 이야기.
지극히 소박한 일상이지만, 소중한 일 년이 만들어졌다.

·2부·

사계절에 만나는
교육연극 수업

1

봄

가. 우리가 만든 새싹 연극

1인 1화분에 씨앗 몇 개를 심고 볕 좋은 창가 쪽에 두었다. 2주 동안 아침마다 물을 주고 새싹의 자람을 눈으로 확인했다. 집으로 화분을 가져가기 전 새싹의 자람을 연극으로 만들었다.

봄 교과서에는 부록으로 종이 머리띠를 준다. 흙, 빗방울, 해님, 초록색 새싹까지 4개가 있다. 잘 뜯어서 머리에 두르고 테이프로 고정시키면 된다.

'역할을 고정시키는 거 아니야?'

'이걸 두른다고 그 역할에 집중할까?'

'찢어지거나 벗겨졌다고 자꾸 도와달라고 할 텐데 사용하지 말까?'

그러나 아이들은 머리띠에 기대감이 많았다. 머리띠 덕분에 4명의 아이가 각각 역할에 벗어나지 않을 수 있었다. 머리띠 덕분에 앉아서 보는 아이들도 자기 역할과 비교하며 볼 수 있었고, 다음 발표에 바로 피드백이 되었다. 몸동작이 정확하지 않아도 머리띠 덕분에 무엇을 표현하고 있는지 상상할 수 있었다. 교육연극은 머리띠 없이 상상과 변형으로도 충분하다고 하지만, 있어도 좋은 것은 잘 쓰면 된다. 아이들은 머리띠를 버리지 않고 사물함에 한 동안 보관하고 쉬는 시간마다 꺼내어 사용했다.

[2즐02-03] 봄에 볼 수 있는 동식물을 다양하게 표현한다.

[2슬02-04] 봄에 씨앗이나 모종을 심어 기르면서 식물이 자라는 모습을 관찰한다.

♬ 수업초점

① 새싹의 자람을 몸짓으로 표현하기

② 친구와 사이좋게 식물의 자라는 역할극 완성하기

♬ 수업내용

	활동	
1	• 연극 준비하기	• 역할 머리띠, 색깔 천
2	• 새싹 연극 발표하기	• 등퇴장 음악
3	• 반영 및 마무리	

활동1 연극 준비하기

소품 준비하기

우리 반에는 알록달록 색깔 천이 담긴 상자가 있다.

"얘들아, 우리 연극을 도와 줄 천들이야. 모둠에 한 두 장만 가져가요."

이색 저색 살핀다. 고른다. 오랜만에 제공된 소품을 효과적으로 쓴다. 교과서 부록으로 나온 머리띠도 뜯어서 머리에 쓴다. 각자 공간에서 연습한다.

역할 나누기

역할극에 들어가야 할 초점을 안내했다.

- 씨앗, 해, 비, 흙은 꼭 들어가야 한다.

- 새로운 역할이 필요하면 한 사람이 두 개 역할을 맡아도 된다.

- 씨앗이 새싹이 되고, 꽃이나 나무가 되는 과정을 보여주라.

연극을 만들 때 서로 지킬 규칙도 안내했다.

[싸우지 말고, 원망하지 말고, 껴주고, 도와주라.]

아이들이 가장 많이 물어보는 질문이 있다.

"말해도 돼요?"

말이 필요 없는 마임이 아니라면 말은 해도 되고, 안 해도 된다.

연습이 벌써 끝난 모둠은 천을 돌돌 말아서 장난을 친다. 역할 머리띠를 고정하기 위해 머리핀을 꽂기도 한다. 다행히 역할로 싸우지 않았다.

활동2 새싹 연극 발표하기

발표순서와 관람약속 정하기

발표는 선착순이다. 관객들이 지켜야 할 관람 약속도 정했다.

"어떤 걸 지켜야 할까요?"

"뛰지 말아요. 싸우지 말아요. 조용히 해요. 내가 먼저 잘 봐줘요."

"그 다음, 또 없나요?"

"큰 소리로 말해요."

"그래요, 그 다음은?"

"잘 했다고 박수를 크게 쳐줘요."

간단히 세 가지만 정했다.

[잘 본다. 큰 소리로 한다. 큰 박수]

부정어보다 긍정어로 약속한다.

새싹 연극 발표

연극 제목도 "새싹 연극"이라고 아이들이 정했다.

첫 모둠이 나온다.

씨앗이 엎드린다. 빨간 천으로 덮는다. 작은 아이가 교실 바닥에 납작 엎드려 있으니 더 작다. 비가 두 손으로 오물조물하면서 씨앗 주변을 한 바퀴 돌다가 들어간다. 바람이 파란색 천으로 씨앗주변을 훑는다. 해가 나와서 손가락으로 이리 저리 찌르는 동작을 보여주더니 들어간다. 그리고 그 셋은 그 뒤 몇 번 더 순서대로 반복한다. 천이 봉긋해진다. 씨앗이 몸을 점점 세우더니 새싹이 되어 나온다. 한 아이가 자기 역할 머리띠를 벗고 다시 나온다.

"자란다. 키가 커졌다. 나무가 되었네."

입말로 새싹의 자람을 설명해주었고 새싹은 그 설명에 따라 두 손을 높이 들어서 키를 키웠다.

두 번째 모둠이 나왔다.

"어벤져스 팀이에요!"

다른 모둠에서 어벤져스 팀이라고 부른다. 이 모둠의 새싹은 유별났다. 그래도 다들 당황하지 않고 잘 받아쳐준 덕에 새싹의 장난이 극에서 벗어나지 않고 재미있게 보였다. 부끄러움이 많은 흙은 친구들의 안내에 따라 갈색 천을 들고 조심스럽게 왔다 갔다 한다. 새싹은 아이들의 움직임에 맞춰 반응을 한다. 새싹은 하늘에서 떨어지는 물을 받아먹기 위해 고개를 들고 입을 크게 벌리며 물을 머금는 시늉을 한다. 비를 맡은 아이가 두 손을 여러 번 흔들면서 더 많은 물을 뿌린다. 새싹도 입을 더 크게 벌린다. 새싹은 햇빛을 받을 때는 웃으면서 큰 눈을 껌뻑껌뻑한다. 새싹은 점점 자라더니 제자리에서 발을 구르며 비, 해, 흙을 위협을 한다. 입을 쩍쩍 벌리며 물려는 시늉을 한다.

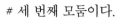

이 씨앗은 다 자라서 식인 식물이 되었다. 영어도 한다.

"come on, 컴 온 컴 온! 다 잡아먹을 테다."

그래도 그 자리는 벗어나지 않았다.

세 번째 모둠이다.

가장 무난하다. 해, 물, 바람이 새싹 근처를 왔다 갔다 한다. 어떤 말도, 움직임도 없이 들어왔다 나갔다만 차분히 반복한다. 보는 아이들의 집중이 떨어질 쯤 새싹이 천을 걷어 젖히고 '짠!' 하고 나온다. 앞에 했던 모둠처럼 무릎, 두 손, 발끝까지 이용해서 키를 높인다. 조금씩 잘 자라고 있다.

네 번째 모둠이 나온다.

이 모둠의 발표가 참 좋았다. 움직임이 좋은 아이가 있다. 비를 맡았다. 비는 긴 두 팔을 위 아래로 움직이면서 "주룩 주룩" 소리를 내며 한 걸음 한 걸음 리듬 있게 씨앗 주위를 한 바퀴 돈다. 나올 때 마다 조금씩 다른 리듬과 속도로 걸었다. 처음 씨앗에게 다가갈 때는 움직임이 적고 느리더니 더 커진 새싹에 물을 더 많이 주기 위해 걸음도, 팔 동작도 좀 더 빨라졌다.

대신 새싹을 맡은 아이가 우리를 긴장시킨다. 자기 의도대로 안 되면 항상 운다. 차렷 자세로 뻣뻣하게 만든 몸을 천천히 일어선다. 워낙 마른데다 온 몸에 힘까지 주니 건들면 부러질 것 같다. 씨앗이 힘들게 흙(천)을 뚫고(들고) 나와 자라는 과정을 보는 듯하다.

수업을 마치고 네 번째 모둠의 새싹은 집에 가는가 싶더니 교실로 돌아왔다. 아는 척도 안하고, 쳐다보지도 않고 책상 정리를 한다. 새싹 연극하면서 이러 저리 밀어놓아 비뚤어진 책상 줄을 하나하나 맞춰서 정리했다. 그리고 그냥 나간다.

"고마워, 잘 가!" 말을 시켰지만 아무 말도 안한다. 그냥 간다.

커튼콜 보여주기

새싹 연극은 짧은 역할극 형태지만 나름 이야기도 만들고 소품까지 준비한 작품이다. 공연이 끝났다는 마무리를 하고 싶었다.

"우리 커튼콜을 해 볼 거예요. 말이 어렵지요? 따라해 볼 까요? 커튼콜!"

"커! 튼! 콜!"

따라 말한다. 동작도 보여줬다.

"이렇게 같이 발표한 친구랑 나란히 서서 손을 잡고 인사하는 거예요."

아이들은 다 같이 손을 잡고 위로 높이 치켜들고 내리면서 깊은 인사를 한다.

직은 발표지만 전문배우들이 하는 행동들을 따라하면 사뭇 진지한 분위기가 형성된다. 커튼콜과 등장·퇴장음악으로 모둠 발표가 바로 연결되는 경우, 피드백은 모든 발표가 끝난 뒤에 한다. 중간 피드백이 들어가면 흐름도 끊기고 배우로서 참여한다는 진지함보다 잘 듣고 수정해야 한다는 학습자로 상황이 바뀌게 된다.

활동3 마무리 및 반영

해설팬터마임으로 새싹의 자람을 한 번 더 정리했다.

4인 1모둠으로 각각 하나씩 맡았던 역할을 그룹으로 편성했다. 씨앗 역할만 단독으로 뽑고, 나머지는 해, 비, 바람으로 나누었다. 선생님의 해설에 따라 움직이고 멈추면 된다. 그러나 아이들 반응을 보니 직접 만든 새싹 연극을 했으면 해설팬터마임을 반복할 필요는 없다.

다른 반에서 했던 새싹 연극 동영상을 보고 마무리했다. 우리 반과 달리 모둠별 해설팬터마임으로 표현했다.

"여러분이 했던 것과 비교했을 때 어때요?"

"우리가 한 게 더 재밌어요."

"왜 그렇게 생각해요?"

"우리가 처음부터 다 했어요. 우리가 다 만든 거예요."

수업 후기

새싹 연극을 다 봤다. 시킨 적이 없는데 아이들끼리 역할에 대한 암묵적인 합의가 존재하는 것 같았다. 식인 식물 새싹을 제외하고 모든 새싹은 말없이 처음 엎드린 자리에 고정되어 있다. 빗물은 주르륵, 톡톡처럼 흉내 내는 말을 내면서 자기 역할을 드러냈다. 새싹을 건드려주는 햇살이 손짓도 흥미롭다. 한 번은 비와 해가 두세 번이나 나왔다 들어갔는데 씨앗이 움직이지 않으니 보고 있는 아이들이 한 마디씩 한다.

"왜 안 자라? 왜 안 커?"

비슷한 내용과 똑같은 역할 머리띠, 반복적인 움직임에도 아이들은 집중하고 있었다. 보여주는 친구들의 움직임이 무엇인지 이해하고 있다.

교실이 식인식물 밭이 되었다. 인기 캐릭터가 나왔다.

식인식물, 그 아이의 인기는 대단했다. 여러 명의 아이들이 따라한다. 식인식물 캐릭터를 만든 아이는 수업이 끝난 뒤에도 수시로 역할에 빠졌다. 급식실에서 갑자기 나타나고, 운동장에서 줄넘기를 하다가 갑자기 등장한다. 다른 수업시간에 가족연극을 하다가도 식인식물로 역할을 바꿔버렸다. 처음에 재미있다고 따라했던 아이들도 시큰둥해졌다. 안타까운 것은 본인이 그 역할 이외엔 흥미를 가지지 못한다는 것이다.

새싹 연극에서 숨어있는 작은 리더를 발견했다.

아이는 한글을 읽지 못한다. 가끔 선생님과 친구들에게 자주 그림을 그려서 선물로 준다. 연극을 하기 전까지는 그냥 나에겐 안타깝지만 참 예쁜 아이였다. 오늘 수업에서 발견한 아이는 조용하면서도 친절한 리더였다. 자기들이 만든 연극의 흐름과 순서를 다 꿰고 있다. 모둠에서 누가 먼저 나갈지 머뭇거릴 때 아이는 조용히 다가가 귓속말로 알려준다.

"네가 나가야 해."

그 씨앗이 새싹이 되고 꽃을 피우는 나무가 될 때까지 이 아이는 계속 안내를 했다. 그 아이의 능력은 배려와 경청이고, 부드러움이었다. 아이보다 더 책을 잘 읽고 단어랑 문장도 잘 쓰는 다른 아이들도 잘 따랐다.

다른 학급의 새싹의 자람 연극

우리 반 아이들이 앞에서 본 동영상 속 수업을 살펴보자. 같은 교육연극 연구회 소속 이태곤 선생님이 해설문을 직접 작성했다. 처음부터 짧은 해설문 중심으로 진행된 수업이다. '안아준다, 토닥거리다, 인사하다, 자라다.' 등 동작 지시어로 된 해설문을 선생님이 한 줄 한 줄 읽어준다. 한 문장에 동작 하나씩 구체적으로 잘 넣어준 덕에 역할별로 부딪히지 않고 잘 표현한다. 모둠별로 반복해서 같은 해설문을 읽어준다. 혼자 그 역할을 맡았기 때문에 표현과 움직임에 책임을 느끼고 움직인다.

외로운 새싹이 있었습니다,

외로운 새싹은 어떻게 자라야할지 몰랐어요.

그러던 어느 날 흙이 와서 새싹을 안아주었어요.

새싹은 아주 조금 자라났습니다.

그리고 물방울이 와서 새싹을 토닥거려주었어요.

새싹은 또 조금 자라났습니다.

햇빛이 다가와 따뜻하게 해주었어요.

새싹은 또 조금 자라났습니다.

여러 친구들의 도움으로 새싹은 무럭무럭 자라났습니다.

자신이 자랄 수 있게 도와준 친구들에게 새싹은 인사했습니다.

"얘들아, 고마워! 너희들 덕분에 내가 자라날 수 있었어."

새싹과 친구들은 모두 행복하게 살았습니다.

나. 나무야! 미안해

앞에서 소개한 새싹 연극의 표현 범위가 화단이라면 나무수업은 더 넓은 숲이다. 그 숲은 아이들의 소비 행위와 연결되었다. 종이라는 소비재로 바라보더라도 우리의 소비행위는 오랫동안 지속되기에 한 두 번의 수업으로는 부족할 수 있다. 나무를 주제로 할 수 있는 수업은 참 많다. 생명교육, 환경교육, 생태교육, 소비자 교육, 나무에 얽힌 전설로 극화 수업도 가능하다. 계절별로 모습을 달리한 나무는 봄, 여름, 가을, 겨울을 징검다리처럼 잇는 수업으로 만들 수 있다.

본 수업은 나무 수업의 시작이다. 아이들은 자기 주변에서 다양한 모습으로 만들어진 나무를 찾아본다. 그 과정에서 나무가 어떤 이로움을 주는지, 어떻게 생명을 마감하는지 바라본다.

♬ 성취기준

[2바02-02] 봄에 볼 수 있는 동식물을 소중히 여기고 보살핀다.

[2국03-01] 글자를 바르게 쓴다.

♬ 수업초점

① 나무가 우리에게 주는 이로움 찾기

② 나무 해설팬터마임 체험하기

♬ 수업내용

	활동	
1	·교실에서 나무 찾기	·신호음(핸드벨)
2	·나무가 우리에게 주는 것 찾기	·자석보드, 보드마카
3	·나무 해설팬터마임	·마킹 테이프
4	·우리가 나무가 되어	

활동1 교실에서 나무 찾기

교실에서 나무로 만든 물건을 찾는다. "하나, 둘, 셋, 넷, 다섯!" 셀 동안 얼른 물건을 찾아가 선다. 다시 신호를 주면 다섯 셀 동안 다른 물건을 찾아 간다. 아이들은 학급문고, 교과서, 교실바닥, 신발장, 책꽂이, 사물함, 이면지, 환경게시판에 붙은 그림도 찾았다. 처음에는 비슷한 물건 앞에 몰려있더니 횟수를 거듭하면서 다른 것들을 찾아 흩어진다.

"이제 마지막입니다. 자기 자리에서 나무를 찾아보세요."라고 말하자 아이들은 연필, 교과서 등을 찾아 자리에 앉는다.

활동2 나무가 우리에게 주는 것 찾기

나무랑 친해지기

칠판에 나무를 크게 그렸다. 질문을 했다.

"여러분이 나무랑 할 수 있는 일이 무엇이 있을까요?"

나무를 뽑거나 베지 않고 온전히 나무 아래나 나무 주변에서 할 수 있는 일을 생각해보도록 했다. '감 먹고, 사과 먹고, 귤 먹고' 등 열매를 먹었다는 게 대부분이다. 경험에서 나온 현실적인 대답이다. 교과서 그림처럼 나무에 매달아 놓은 그네를 타고, 나무 아래에 앉아 책을 읽은 아이들은 없었다.

나무가 우리에게 주는 것은?

"나무가 우리에게 주는 것들은 무엇이 있을까요?"

보드판과 보드마카를 하나씩 받은 아이들은 생각한 것들을 써서 칠판에 붙였다. 칠판에 미리 그려 놓은 큰 나무에 붙인다.

[그늘, 종이, 의자, 사과, 집, 산소, 문, 배, 종이컵, 연필, 휴지, 야구배트]

나무가 우리에게 주는 것 분류하기

칠판에 붙인 걸 하나씩 읽었다.

"이 중에는 나무가 우리에게 주면 죽을 수도 있는 것이 있어요. 살 수 있는 것과 살 수 없는 것을 따로 붙여볼까요?"

한 명씩 나와서 자기 것을 재배치했다. 칠판에 그려 놓은 나무를 중심으로 왼쪽은 나무가 우리에게 마음껏 줘도 죽지 않고 사는 것, 오른쪽은 나무가 우리에게 주면 죽는 것으로 구별했다.

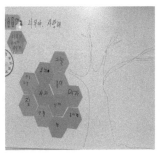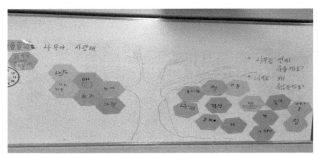

[마음껏 줘도 사는 것 : 산소, 사과, 그늘, 꿀]

[우리에게 주면 죽는 것 : 종이, 의자, 집, 문, 종이컵, 연필, 휴지, 책, 책상]

이렇게 구별해보니 나무가 우리 때문에 죽는 경우가 더 많다는 것을 한눈에 알 수 있다.

활동3 **'누워있는 나무' 해설팬터마임**

1시간 수업을 마치고, 쉬는 시간 동안 노란색 마킹 테이프로 나무 실루엣을 만들었다. 그 노란색 선에 맞춰 눕는 아이들도 있다.

나무야, 나무야 해설팬터마임

다시 수업이 시작되었다. 나무 실루엣 주변에 앉아보도록 했다. 지금 나무에게 부족한 것을 이야기해보도록 했다. 잎, 꽃, 열매, 줄기 중 각자 하고 싶은 것이 되어 실루엣 위나 곁에 앉거나 누워보도록 했다. 어떤 자세든 상관없지만 다른 친구와 부딪히지 않도록 했다. 이제 선생님의 해설에 맞춰 움직인다. 핸
드벨 소리로 움직임과 멈춤을 조절할 수 있다. 또는 "잠깐!", "그런데!", "쉿!" 이런 말로도 움직임을 제어할 수 있다.

해설문

"나무의 잎이 되어보세요."

"나무의 꽃이 되어보세요."

"나무의 열매가 되어보세요."

"나뭇가지나 줄기가 되어보세요."

- 아이들은 스스로 정한 역할대로 나무 근처에 앉거나 눕는다.

"(땡!) 바람이 살랑살랑 붑니다. 비가 촉촉이 옵니다."

- 아이들은 각자 움직인다.

"(땡!) 잎이 핍니다."

- 잎이 움직인다.

"(땡!) 꽃이 핍니다."

- 꽃이 움직인다.

"(땡!) 열매가 열립니다."

- 열매가 움직인다.

"(땡!) 줄기, 가지도 자랍니다."

- 줄기와 가지도 움직인다.

"(땡!) 여러분은 큰 나무의 가족이 되었습니다. 이제 밤이 되었습니다. 나무도 잠이 듭니다. 우리 모두 잠이 듭니다."

- 조용히 앉거나 다시 누워서 고개를 떨어뜨리고 자는 척한다.

"지금 기분이 어떤가요? 편안한가요?"

- 질문만 조용히 던졌다. '아뇨, 네' 대답하는 아이도 있다.

"(땡!) 아침입니다. '쿵쿵쿵' 어디서 발소리가 들립니다."

- 아이들을 손으로 툭툭 건들었다.

"(땡!) 나무를 하러 왔습니다. 나무를 벱니다. 하나! 쾅! 잎이 떨어집니다."

- 잎을 맡은 아이가 일어서서 나무 밖으로 나간다.

"(땡!) 하나! 둘! 쾅! 꽃이 떨어집니다."

- 꽃을 맡은 아이가 일어서서 나무 밖으로 나간다.

"(땡!) 하나! 둘! 셋! 쾅! 열매가 떨어집니다."

- 열매를 맡은 아이가 일어서서 나무 밖으로 나간다.

"(땡!) 하나! 둘! 셋! 넷! 쾅! 가지도, 줄기도 부러집니다."

- 가지와 줄기를 맡은 아이가 일어서서 나무 밖으로 나간다.

"(땡!) 이제 끝났어요. 조용히, 조용히 나무 주변에 앉아보세요. 눕지 말고 나무를 바라보며 앉아보세요."

※ 실제로 잎, 꽃, 열매가 동시에 피거나 떨어지지 않는다. 사람에 의해 나무가 해체되고 나무가 사라지는 과정을 보여주고자 했다.

나무 밖에서 바라보기

아이들은 나무 밖으로 물러나 있었다. 아직도 나무에 누워있는 아이가 있다. 조용히 일으켰다.

"나무에 있는 잎도, 꽃도, 열매도 다 떨어지고 나무 형태만 남았습니다. 잘린 나무는 공장으로 옮겨졌답니다. 무엇이 되었을까요? 처음에 우리가 찾았던 것 중 옮길 수 있는 걸 가져와서 놓아볼까요?"

종이상자, 그림책, 교과서를 노란색 실루엣 안에 쌓아뒀더니 수북해 보인다.

"기분이 어떤가요?"

"잘린 나무들은 어떻게 변했을까요?"

"누가 가져갔을까요?"

"우리가 가져갔나요?"

"혹시 하고 싶은 말이 있나요?"

아이들에게 답을 요구하는 질문은 아니다. 지금 질문 역시 해설의 연장이다. 나무의 다른 형태를 바라보고 있는 시간이다.

활동4 우리가 나무가 되어

나무가 우리에게 말하기

나무 실루엣 안에 의자 하나를 두었다. 나무가 되어 하고 싶은 말이 있으면 의자에 올라가거나 앉아서 하도록 했다. 한 아이가 올

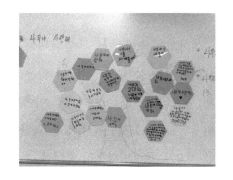

라가서 "미워!"하고 외치더니 '쿵'하고 뛰어내린다. 그 다음 다른 아이도 "종이 좀 아껴 써!", "미안해!", "대통령 할아버지 나무를 살려주세요."하면서 뛰어내린다.

많은 아이들이 참여하진 않았다. 의자에 올라가는 걸 좋아해서 너 나 할 거 없이 서로 할 줄 알았는데 생각보다 조용했다.

우리가 나무에게 하고 싶은 말

반대로 나무에게 전하고 싶은 말을 써보도록 했다. 앞에서 썼던 자석판 내용을 지우고 다시 썼다. 문장쓰기가 어려우면 주변 친구나 선생님에 도움을 요청하도록 했다.

[나무야 고마워, 나무야 산소를 줘서 고마워. 나무야 미안해. 나무야 이제 널 아껴 줄게. 그 동안 안 아껴 써서 미안해. 나무야 우리에게 도움이 되는 걸 줘서 고마워. 사랑해. 나무야 넌 너무 좋아.]

: 나무로 수업 이어 만들어보기 :

이 책에서는 여름에도, 가을에도 나무 이야기가 나온다. 이 세 수업을 연결하여 하나의 나무 프로젝트 수업으로 만들 수도 있다.

하나, 봄 - 나무야! 미안해(나무 만나기, 나무 되어보기 해설팬터마임)

둘, 여름 - 나무젓가락 가지고 놀아보기(젓가락 놀이, 수학 높이비교, 젓가락 예절, 젓가락 그림)

셋, 가을 - 나무도둑과 종이비행기(나무도둑 이야기극화)

다. 마을 이야기

이야기는 좋다.

이야기를 싫어하는 사람이 있을까? 귀신이야기, 이해하면 무서운 이야기, 사이다썰, 미스터리, 옛날이야기처럼 이야기는 다양한 형태로 웃음과 긴장을 준다. [나는 이야기입니다] 도서관에서 짙은 파란색 표지의 그림책을 만났다. 댄 야카리노 작가가 쓴 책으로 동굴벽화부터 종이책, 휴대전화까지 이야기의 역사와 형태에 대해 소개한다. 수업에서는 우리도 이야기를 만들 수 있다는 것을 알려주는 동기 유발로 그림책을 사용했다.

🎵 성취기준

[2국01-05] 말하는 이와 말의 내용에 집중하며 듣는다.

[2즐02-03] 봄에 볼 수 있는 동식물을 다양하게 표현한다.

[2국05-04] 자신의 생각이나 겪은 일을 시나 노래, 이야기 등으로 표현한다.

🎵 수업초점

① 봄과 학교와 관련된 그림 그리기

② 1인 1문장으로 공동 이야기 완성하기

③ 완성된 이야기로 몸짓 표현하기

🎵 성취기준

	활동	
1	• 그림책 읽어주기	• 그림책
2	• 봄(학교)조각 그리기	• 그리기도구, 가위
3	• 우리도 이야기 작가	
4	• 조각조각 이야기 잇기	• 풀, 큰 전지
5	• 마무리 및 느낌나누기	

활동1 그림책 읽어주기

"이야기는 뭘까요?"

"입으로 말하는 거, 그림, 텔레비전, 그림책, 무서운 이야기, 게임, 영화, 친구랑 노는 것" 등 그림책처럼 아이들도 다양한 이야기 형태를 말한다.

책 읽어줄 때마다 사용하는 파란색 의자 근처에 아이들을 앉혀놓고 그림책을 들려줬다. 다 읽고 그림책 앞 뒤 표지의 공통점과 차이점도 찾아보기도 했다. 우리도 이야기를 만들어보자고 제안했고, 아이들은 기꺼이 응했다.

"우리의 말 하나 하나를 이어서 우리만의 이야기를 완성할 거예요." 학교에 그림책이 없는 경우 "주변에서 이야기를 찾아볼까요?"라는 질문으로 풀어가도 된다.

* 파란색 의자는 인터넷으로 저렴하게 구입했다. 책 읽어주는 의자 이외에 핫시팅, 빈의자 활동 때도 꺼내어 쓴다. 선생님이 이 의자에 앉을 때 다른 인물로 변하거나, 새로운 이야기를 들려준다는 신호다.

활동2 봄(학교) 조각 그리기

만들 이야기의 주제는 봄과 학교다. 봄만 하면 이야기에 나올 인물이나 사건이 부족할 것 같아 학교를 덧붙였다. 관련 그림도 그렸다. 교과서에 '봄 관련 그림그리기', '교실꾸미기'가 있어서 이야기 작업과 연결하여 구성했다. 이미지가 있으면 만들 이야기가 구체적이고 선명해진다. 실제로 도움이 되었다.

이제 조각 그림 시작!

① 우리가 그릴 그림은 봄과 학교와 관련된 거예요.

② 봄 하면 떠오르는 것을 이야기 해볼까요? - 식물, 꽃, 새싹, 나비

③ 학교하면 떠오르는 것을 이야기 해볼까요? - 운동장, 공부, 교실, 친구들
   예상대로 봄은 자연 변화 위주로 말한다. 학교로 초점을 옮기니 사람들과 건물들이 등장했다. 이야기 속 인물과 배경이 등장한다.

④ 금방 말했던 것을 몸으로 표현해 봅시다. 혼자 나와도 되고, 짝꿍이나 모둠이 나와서 함께 표현해도 됩니다. 다른 친구들이 맞혀봅니다.
   - 나비, 벌, 나무, 봄바람, 봄 비, 축구공, 급식 먹는 것

⑤ 우리가 말한 것과 표현한 것을 생각하면서 그림을 그려봅시다.
   너무 작게 그린 것은 조금 더 크게 그리도록 했다. 그래도 커지지 않은 그림은 가위로 오릴 때 주변의 비슷한 것과 묶어서 오리도록 했다.

아이들이 오려놓은 조각들을 살펴보았다. 학교, 꽃, 나무, 구름, 집, 도로, 길, 신호등, 강아지, 나비, 사람들이 대부분이다. 칠판에 컴퓨터 화면을 연결하고 이야기를 만들 준비를 했다. 아이들은 책상 위에 올려놓은 조각을 이용해 이야기를 만든다.

내가 먼저 이야기의 첫 문장을 시작했다. 마법의 단어 '옛날'을 이용했다. 집 그림을 몇 개 골라서 교실 바닥에 놓았다.

[옛날에 한 마을이 있었습니다. (선생님)]

두 번째 문장부터 아이들이 만든다. 첫 문장과 어울리게 제시해야한다. 그림은 여러 개를 사용해도 되지만 문장은 되도록 한 두 문장만 말한다. 한 아이가 사람 조각을 집 그림 옆에 내려놓고 "그 집에 한 아이가 이사를 왔어요."라고 말하며 자리로 들어간다. 우리 모두 그 문장을 따라 읽으며 한글 파일로 작성했다. 문장 옆에 말을 한 사람 이름도 쓴다.

[옛날에 한 마을이 있었습니다. (선생님)]

[그 집에 한 아이가 이사를 왔어요.(○○)]

다른 아이가 나온다. 나비를 내려놓는다.

"아이 옆에 나비가 날아왔어요."

[옛날에 한 마을이 있었습니다. (선생님)]

[그 집에 한 아이가 이사를 왔어요.(○○)]

[그 아이 옆에 나비가 날아 왔어요. (△△)]

오려 놓은 조각 그림을 다 사용해야한다. 다른 친구 문장이 자기 생각이랑 비슷하면 자기 조각 그림을 같이 사용해도 된다. 물론 해당 문장 옆에 이름도 같이 써줬다. 그 문장을 같이 소유한다.

조각조각 이야기 잇기

이야기 다시 정리하기

    책상 위에 있는 그림을 다 사용했다. 화면에 보이는 문장들을 쭉 읽었다. 첫 문장과 끝 문장을 정한 뒤 나머지 문장은 순서만 옮기는 식으로 이야기를 수정했다. 작성자 이름도 지우고 이야기 제목도 만들었다.

    한 마을, 신나는 마을, 재미있는 마을, 아름다운 마을, 살기 좋은 마을, 행복한 마을이 나왔지만 다수결로 '아름다운 마을'로 결정했다.

제목 : 아름다운 마을

만든 사람 : 1학년 1반 우리들

한 마을이 있었습니다.

마을에는 큰 길이 있습니다. 그 길옆에 새로운 길이 생겼습니다.

길 위로 아이들을 위해 신호등을 만들었습니다.

마을 옆에는 큰 나무가 있었고, 옆에는 조각상과 조그만 밭이 있습니다.

마을 앞에 밭이 생겼고, 한 사람이 밭에 물을 줍니다.

한 나무 위에는 벌이 왔습니다.

큰 나무 옆에 한 사람이 운동을 하고 있습니다.

한 집에 한 여자 아이가 있었습니다. 그 아이 앞에 나비가 왔습니다.

다음 날, 한 아이가 이사를 왔습니다.

그 날 하늘에는 해와 구름이 떴습니다.

그 집 옆에는 꽃과 나무가 활짝 폈습니다.

또 다른 집에는 강아지가 있고, 그 집에 한 사람이 왔습니다.

마을 가까이에 학교가 있습니다.

한 아이는 스쿨버스를 타고 학교에 가고 있습니다.

학교 안에서 한 아이가 놀고 있습니다.

다른 아이들도 학교에서 놀고 있습니다.

아이들 옆으로 강아지가 지나가고 있습니다.

그 강아지 머리 위로 나비가 날아다닙니다.

어느 날 학교 옆으로 예쁜 봄 길이 만들어졌습니다.

그 길 위로 아이들과 나비가 봄 구경을 합니다.

우리 마을은 아름다운 마을입니다.

끝.

그림도 하나로 만들기

교실 바닥에 내려놓은 조각 그림들은 사진으로 찍어 뒀다. 아이들의 도움으로 큰 전지에 그대로 옮겨 붙였다. 〈아름다운 마을〉 이야기와 그림은 봄이 끝나고 여름이 올 때까지 우리와 함께 있었다.

활동5 마무리 및 느낌나누기

만든 이야기로 몸짓 표현하기

완성된 이야기를 살펴보면 집, 학교, 길처럼 일상 공간과 친구들이 등장한다. 아이들이 놀고, 학교 가고, 날아다니는 등 움직임이 보이는 그림도 있다. 이야기로 그냥 두기에 참 아까웠다.

"얘들아, 우리가 만든 이야기로 작은 연극을 해보자."

형태는 열어뒀다. 그림이나 이야기에서 인상 깊은 장면을 모둠별로 즉흥극이나 정지장면으로 보여줘도 된다. 완성한 이야기를 한 사람이 낭독하면, 다른 사람들끼리 역할을 나눠서 몸짓 표현을 해도 된다.

느낌 나누기

재미있었던 점, 즐거웠던 점, 아쉬웠던 점, 더 배우고 싶은 점 등으로 이야기를 나누고 긴 활동을 마무리했다. 그림부터 문장 만들기까지 개인 활동이 많았다. '혼자'했던 것을 '우리' 것으로 어렵지 않게 완성했다. 시간과 속도의 문제다. 기다려 주면 된다. 조금 더, 기다려 주면 된다. 그러면 어느 새 연결되었다. 어느 새 했다.

라. 낙서화로 책 만들기

수업 끝나고 돌봄교실에 간다는 아이들이 교실에서 낙서를 하다가 내게 딱 걸렸다. 놀래서 도망가거나 변명하기보다 덜 그려서 아쉬워하는 모양새에 어이가 없었다.

"칠판에 낙서하는 게 그리 재미있니?"

"네!"

"정말 신나요!"

"당연하죠!"

다시 보드마카 뚜껑을 연다. 낙서하는 게 너무 좋다는 아이들. 수업 시간에 마음껏 해봐라하는 마음으로 계획한 본 활동은 앞에서 만난 마을 이야기의 다른 버전이다. 수업의 시작은 다음과 같다. 다시 그림책 [나는 이야기입니다.]를 펼쳤다.

♩ 성취기준

[2국03-03] 주변의 사람이나 사물에 대하여 짧은 글을 쓴다.

[2국05-01] 느낌과 분위기를 살려 그림책, 시나 노래, 짧은 이야기를 들려주거나 듣는다.

♩ 수업초점

① 낙서화 그리기

② 낙서를 보면서 1인 1문장 만들고 공동 이야기 완성하기

③ 완성된 이야기로 책 만들기, 그리고 낭독극하기

♩ 수업내용

	활동	
1	• 그림책 읽어주기	• 그림책
2	• 칠판에 낙서하기	• 보드마카 1인 1개
3	• 낙서화로 이야기 만들기	
4	• 조각이야기에 어울리는 삽화그리기	• A4 종이, 색연필, 사인펜
5	• 완성된 책으로 낭독극하기	

그림책 읽어주기

그림책을 한 장씩 넘기면 아이들은 보이는 것, 생각난 것을 자유롭게 이야기 한다. 특별한 질문은 없었다. 첫 장에 나온 선사시대 암각화, 동굴벽화처럼 우리도 벽에 그림을 그리고, 우리만의 이야기책을 만들기로 안내했다.

칠판에 낙서하기

그림을 그려 보자라는 말 대신 '낙서'를 해보자라고 했다. 그리는 행위는 동일하지만 아이들에게 다가가는 두 단어의 차이는 컸다. 아이들에게 '낙서'는 무엇이든지 내키는 대로 그리는 재미와 못 그려도 된다는 안심을 주는 듯 했다. 낙서할 주제를 정해보자고 했다. 아이들이 그냥 하자고 한다. 그래서 그냥 낙서했다. 무엇이 나올지 예측 할 수 없다. 딱 한 가지만 부탁했다.

"얘들아, 다른 친구들 낙서도 보면서 채워보자."

아이들은 개인 보드마카를 준비했다. 처음 낙서를 시작한 아이들은 대충 그리지 못하고 진지하다. 사람을 그리기 시작한다. 하나 둘씩 그림이 채워지면 속도도 생기고 그리는 대상도 다양하다. 가끔 무엇을 그릴지 나와서 생각하는 애들 때문에 정체되기도 한다. 그래도 재촉 없이 잘 기다린다. 아파트, 산, 들, 나무, 사람들을 그린다. 인물과 공간은 나왔다. 20명이 한 번씩만 그리다보니 여전히 칠판은 허전했다. 그래서 다시 한 번 더 그리게 했다. 당근, 귀신, 차, 배, 경찰차, 경비원, 구름, 게임 캐릭터도 그린다. 다행히 똥을 그린 아이들은 없다. 지난번에 몰래 그린 낙서화에서는 똥이 잔뜩 그려져 있었다. 한 번 그리던 두 번 그리던 낙서할 때는 조용하다.
"애들아 숨소리도 안 들린다." 했더니 앉아있던 애들이 눈을 동그랗게 뜬다.
"죽어요?"
"아니, 그 만큼 너희가 열심히 진지하게 한다는 소리야. 칭찬이야."

활동3 낙서화로 이야기 만들기

다 그린 낙서화를 감상하기로 했다. 어떤 인물이 나오는지, 어떤 일이 벌어질지 상상하면서 보기로 했다. 이야기를 만들 차례다. 1인 1문장씩 말하면 내가 적기로 했다. 한글 화면을 띄웠다. 우리는 주제 없이 그렸기 때문에 때와 장소는 내가 정했다.

"2020년 세종시 어느 마을이었습니다."

때와 장소를 알려주는 이야기의 첫 문장이다.
이제 아이들 차례다. 전학 온 남학생이 손을 번쩍 든다.

"뉴스 속보입니다."

이런 문장이 나올지 몰랐다. 처음부터 세다.
첫 문장이 나오자마자 아이들은 서로 시켜달라고 손을 든다. 속보라는 말에 수많은 사건사고가 나온다. '세종시에 괴물이 나타났다.', '사람들은 도망가고 난리다.' 드디어 '바보 노랭이'라는 새로운 캐릭터가 등장했다. 중간에 바보 노랭이가 나와서 괴물을 죽이고 다시 살아나고, 다시 괴물이 나오고 다시 살아나고를 반복한다.

"계속 노랭이와 괴물이 싸우고 죽고 살리면 더 이상 받아 적지 않을 거야."
한 아이가 다시는 노랭이도 안 죽이고 괴물이랑 말 안 할 테니 발표시켜 달란다.

"얘들아, 이야기 속 마을 사람들이 너무 고생하니 좀 평화롭게 마무리하자."

이제야 마을에 꽃이 피고, 하늘에 초콜릿도 뿌려진다.

그리고 한 명이 재치 있게 마지막 문장을 말했다.

"끝!"

처음부터 한 줄씩 읽어가면서 다듬었다. 문장끼리 연결하고 접속사도 넣으면서 문단도 나눴다.

'괴물 동료가 나타났다.'에서 막혔다. 나타났는데 그 다음에 무엇을 했는지 죽었는지 살았는지 아무런 정보가 없다. 문장을 말한 아이가 있어서 지우자고 못했다. 다행히 문장 주인이랑 아이들이 지우자고 한다. 마지막으로 제목도 투표로 정했다. [수호신이 된 노랭이], 낙서화로 만든 이야기 제목이다.

책 만들기는 그 다음날 만들기로 했다.

"엄마에게 학교종이(가정통신문 어플)로 보내주세요."

"프린트해서 줄 수 있어요?"

"얼마에요? 제가 살게요."

기대가 많다.

내일 삽화를 그려야하기 때문에 칠판에 있는 낙서화는 그대로 두기로 했다. 그리고 훼손하지 않기로 약속했다.

활동4 조각 이야기에 어울리는 삽화그리기

완성된 이야기를 아이들 인원수에 맞게 장면별로 나눴다. 문장을 보고 베낄 수 있게 이야기를 조각조각 나누어줬다. 이제는 각자 받은 이야기 조각에 어울리는 그림을 잘 그려야 한다. 낙서처럼 그리면 안 된다. 그리고 주인공 노랭이는 이야기 곳곳에 등장하기 때문에 네모난 형태와 노란색은 통일시켰다. 낙서화에 있는 노랭이를 참고해서 그리도록 했다.

A4 한 장에 조각 이야기도 쓰고 삽화를 만들었다. 그림책처럼 글과 그림의 배치도 다양했다. 20장을 다 모아서 한 권을 완성했다. 책 표지는 '노랭이' 캐릭터를 처음 낙

서화에 등장시킨 아이가 만들었다.

활동5 완성된 책으로 낭독극하기

칼라로 양면 프린트했다. 완벽한 책 형태로 만들어주고 싶었는데, 하루라도 빨리 가져가고 싶다는 아이들의 부탁에 문서 유인물처럼 스템플러로 찍어서 라벨지로 마무리를 했다. 하교 시간이 다 되어서 완성된 책. 아이들은 자기 자리에서 한참을 들여다보고 다 읽고 간다.

완성된 이야기는 즉흥극이나 해설팬터마임으로도 적절했다. 그렇지만 2020년 지금은 거리두기 수업을 해야 한다. 낭독극으로 마무리했다. .

< 수호신이 된 노랭이 >

글 : 가람반

2020년 세종시 어느 마을입니다.

"뉴스 속보입니다!"

텔레비전에 뉴스 앵커가 다급하게 말합니다.

"지금 마을에 이상한 괴물이 나타났습니다. SCP라는 괴물이 세종시에 침입했습니다. 여러분, 얼른 도망가세요!"

뉴스를 들은 세종시 사람들은 혼란에 빠졌습니다. 산으로 대피하는 사람도 있습니다. 옥상이나 나무 위로 도망가는 사람도 있습니다. 그런데 사람들이 도망간 산 옆 화산이 폭발하기 시작했습니다. 산사태도 일어났습니다.

"살려줘!"

"사람 살려!"

사람들이 큰 소리로 외쳤습니다. 마을 너머 저기 멀리 구조를 기다리는 사람이 있습니다.

다행히도 구조대가 오고 있습니다.

"여기요! 여기요!"

아파트 옥상에 있던 경비원 아저씨가 외쳤습니다. 그러나 괴물 때문에 경비원도 구조대도 추락했습니다.

세종시 주택가 텃밭에서 꿀맛 당근을 먹고 있던 바보 노랭이가 사람을 구하러 달려갔습니다. 이빨로 괴물을 물었습니다. 그런데 바보 노랭이는 괴물을 먹다가 이빨이 빠져서 죽었습니다.

마침 경찰차가 옵니다. 경찰차 사이렌 소리를 들은 바보 노랭이는 다시 눈을 떴습니다. 다시 태어난 바보 노랭이는 비행기를 타고 사람들을 구하러 나왔습니다. 사람들은 깜짝 놀랐습니다.

바보 노랭이를 피해서 산으로 도망가던 괴물은 산이 너무 높아서 떨어졌습니다. 괴물이 떨어진 자리에 예쁜 꽃들이 폈습니다. 바보 노랭이는 초콜릿을 사서 사람들에게 비상식량으로 뿌려줬습니다.

다시 평화가 찾아왔습니다. 사람들이 다시 집으로 돌아오고, 자동차도 지나다닙니다.

찌직 찌직. 다시 한 번 뉴스 속보입니다.

"시민 여러분, 괴물은 사라졌고, 이제 안심하십시오."

이제 산에는 꽃도 피고, 나무도 자라납니다. 사람들은 식량을 위해 산 밑에 당근 농사를 짓기 시작했습니다.

해님은 다시 밝았습니다. 사람들이 웃음을 되찾았습니다.

바보 노랭이가 마을의 수호신이 되었습니다. 괴물이 없어지자 사람들은 안심하고 놀러 다녔습니다. 무너진 건물은 포크레인으로 치우고 물건들은 다시 고쳐서 사용했습니다. 이제 평화롭게 살았답니다.

끝.

2

여름

가. 이 여름을 보여줘

여름 맞이는 여름 교과서의 핵심이다. 여름의 계절적 특성, 여름철 사람들의 생활 모습을 이해하기 전에 간단한 그리기, 만들기, 몸짓 활동으로 아이들이 알고 있는 여름을 보여주고 공유한다.

성취 기준

[2국05-01] 느낌과 분위기를 살려 그림책, 시나 노래, 짧은 이야기를 들려주거나 듣는다.

[2슬04-01] 여름 날씨의 특징과 주변의 생활 모습을 관련짓는다.

[2슬04-02] 여름에 사용하는 생활 도구의 종류와 쓰임을 조사한다.

[2즐01-01] 친구와 친해질 수 있는 놀이를 한다.

[2즐04-01] 여름의 모습과 느낌을 창의적으로 표현한다.

[2즐04-04] 여름에 할 수 있는 여러 가지 놀이를 한다.

수업	내용	쪽수
하나	여름을 시작하기 전에 협동화에서 배울 내용 찾기	75
둘	손과 몸으로 만든 여름 모습 유토로 여름 만들기, 몸짓으로 여름 표현하기	75
셋	운동장에서 여름에 본 것, 몸짓 표현하고 맞히기	77
넷	수박 수영장 만들기	79

수업 하나, 계절을 시작하기 전 협동화에서 배울 내용 찾기

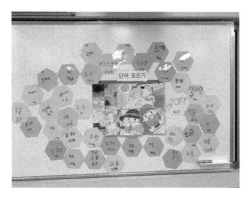 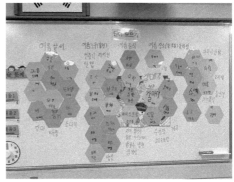

① 여름 관련 협동화 도안을 준비한다.

② 완성한 여름 협동화 속에서 보이는 것, 느낌을 찾는다.

③ 보드판이나 포스트잇에 찾은 내용을 써서 협동화 옆에 붙인다.

④ 붙인 내용들을 함께 기준을 세워 분류한다.

⑤ 계절의 날씨, 생활모습, 도구, 음식, 장소 등으로 분류하면서 여름 동안 배울 내용을 확인한다.

수업 둘, 손과 몸으로 만든 여름 모습

활동1 유토로 여름 만들기

① 유토는 재사용이 가능하고 말랑말랑하고 부드럽다.

② 유토로 여름과 관련된 모든 것을 만들어본다.

③ 1인 1작품씩 만든다.

④ 만든 것을 실물화상기로 함께 본다.

아이들은 해, 수박, 팥빙수, 수영하는 사람, 여행가는 사람, 신비복숭아, 썰매(워터파크), 모자, 아이스 바 등을 만들었다.

해	튜브타고 수영	수박	여름휴가

활동2 여름에 볼 수 있는(경험할 수 있는) 것, 몸짓으로 표현

① 여름에 관련된 것 몸짓으로도 표현하기

② 1명씩 나와 몸짓으로 보여주고 다른 친구들은 무엇인지 맞히기

유토로 표현하지 못한 것을 몸짓으로 보여 달라고 했다. 또 무엇을 할까? 망설이는 아이들을 위해 방금 유토로 만든 것 중 하나를 몸짓으로 보여줘도 된다고 했다. 움직임으로 부족한 아이는 소리(표현하려는 대상의 주변에서 들리는 소리나 실제 대상에서 나는 소리)를 추가하도록 했다.

\# 한 명이 두 손을 머리 위로 올려 둥글게 모은다.

"해!" - 아니란다.

"해님?" - 아니란다. 당연히 아니겠지.

"햇살?" - 당연히 아니다.

정답은 시계였다.

"왜 시계야? 여름과 시계가 무슨 관계가 있을까?"

"여름에는 시간이 많아요." 아이의 대답이다. 여름은 해가 아주 길다. 시간이 참 많다. 겨울과 완벽하게 대비되는 긴 하루.

\# 한 명이 터벅터벅 걸어오더니 털썩 주저앉는다. 자기 옷 앞자락을 잡고 펄럭이더니 무엇인가 켜면서 말한다.

"아, 시원하다." 정답은 선풍기였다.

한 아이는 야무지게 "탁 탁 탁" 입소리까지 내며 손으로 무엇인가 썰어내는 흉내를 낸다. 그러더니 양손을 모아서 먹는다. 정답은 수박이다. 아이의 행동이 재밌어서 새로운 상황극을 제안했다.

"너랑 선생님이 엄마아빠가 될 거야. 너는 집에 있는 여보(엄마)가 되고, 선생님은 밖에서 일하는 여보(아빠)가 될 테니, 금방 했던 걸 그대로 해보자. 이제 선생님이 교실 문 밖으로 나갔다 들어오면 시작한다."

교실 밖으로 나갔다. 다시 교실 문을 똑! 똑! 했다. 대꾸가 없다. 다시 똑! 똑! 하면서 그냥 문을 열고 들어갔다.

"어? 집에 있었으면서 왜 안 열어줬어요. 오는 길에 수박 사왔어요. 같이 먹게 썰어주세요. 아! 오늘 정말 덥네요."

아이는 이제야 알았다는 듯이 내게 수박을 받아드는 척 하고 아까 발표했던 것처럼 똑같이 보여준다.

"탁! 탁! 탁! 탁! 쩍!"

내게 가져올 줄 알았는데 처음 발표처럼 똑같이 혼자 먹는다.

그 장면을 보던 다른 아이들이 "왜 혼자 먹어!"라고 알려준다. 그 아이 "아차!"하며 웃는다. 그리고 들어갔다.

수업 셋, 여름에 본 것, 몸짓 표현하고 맞히기

① 학교 주변 관찰하면서 운동장으로 나가기

② 천천히 걸어가면서 주변에 집중하기

③ 여름이 된 학교에서 발견한 것 하나 선택하기

④ 1명씩 나와서 몸짓으로 보여주고 다른 친구들은 맞히기

체육 선생님이 아이들 출석번호를 코팅해서 운동장 스탠드에 지정좌석으로 만들었다. 코로나 19상황에서 거리두기가 가능한 실외공간이다. 날씨도 적당히 좋아서 밖으로 나가기로 했다.

운동장으로 나가면서 화단, 하늘, 연못 등을 보면서 여름이 되었더니 학교에서 볼

수 있는 것을 머리에 담아두라고 했다.

"무슨 말인지 모르겠어요."

내 말이 끝나자마자 자주 들리는 이 아이의 말. 진짜 모르겠다는 건지 그냥 생각하기조차 귀찮아서 미리 포기하고 나온 말인지 요즘 의심스럽다.

"음, 그럼 다시 설명해 줄게요. 화단에 새로 핀 꽃이나 풀, 하늘의 색이나 구름 모양, 연못에 새로 보이는 우렁이 알 같은 것을 발견하면 기억해 두세요. 봄이 되고 여름이 되었는데도 바뀌지 않은 것들도 찾아보세요."

"그래도 모르겠어요." 이 아이 정말 모르는 걸까?

그 뒤 2달이 지났어도 그 아이는 한결같았다. "무슨 말인지 모르겠어요." 항상 똑같다. 반면 자기가 잘 아는 것은 시키지 않아도 말해버린다. 친구들에게 생각해보라고 내준 질문에 손들면서 바로 말한다. 혼나도 말한다. 그리고 운다. 이 아이는 연극놀이에서 어떤 모습일까? 남들이 다 하고 싶어하는 술래도 거부한다. 대신 동시에 같이 움직이는 것은 좋아한다. 쉬는 시간에도 혼자 논다. 같이 어울려 보라고 권했는데 친구들 구경하는 게 더 재미있단다. 좀 더 관찰해봐야겠다.

모두 스탠드에 앉았다. 내가 시범을 보였다. 자세를 낮추고 손가락으로 물방울이 튕기며 위로 솟구치는 걸 반복했다.

"분수!"

여름이 되면서 학교 연못 속 분수도 일을 하고 있었다. 모르겠다는 아이처럼 다른 아이도 발표하지 않을까 걱정했다. 그래도 오랜만에 하는 실외수업이라 조금 즐거웠으면 좋겠다.

드디어 한 명이 나온다. 자기 얼굴에 두 손을 갖다 대고 꽃받침을 만들더니 발끝을 들어 키를 키운다.

"꽃!" 아니란다. "해바라기!" 정답이다.

다른 아이가 나와서 두 팔을 옆으로 위로 뻗는다. "나무!" 정답!

다른 아이는 자기 치마를 잡고 옆으로 살랑살랑 흔든다. "바람!" 정답!

또 다른 아이는 두 팔을 구부려 몸통에 붙이고 팔랑거린다. 이 동작은 그 뒤 서너 명이 반복했지만 정답은 달랐다. 나비, 참새, 벌로 이름만 달랐다.

또 다른 아이가 운동장 바닥에 양반다리로 앉더니 두 손을 양 무릎에 올린다. 그리고 눈을 감는다.

"부처님! 스님!"이라고 외쳤지만 모두 아니란다.

"그럼 뭐야?"

"닥터 스트레인지에요."

"영화에 나오는 닥터 스트레인지? 어벤져스에 나왔던 그 마법사? 왜 여름에 학교에서 닥터 스트레인지를 볼 수 있다는 거지?"

표현한 아이는 머뭇거린다. 자신 있게 발표는 했지만 여름과 관계가 없었다. "선생님! 닥터 스트레인지는 어디든지 갈 수 있어요. 그러니까 여름에도 나타나고, 학교에도 나타날 수 있고, 아무 때나 다른 곳에 갈 수 있잖아요!"

정작 해석은 다른 아이가 해준다.

"맞네. 그럼 우리도 진짜 닥터 스트레인지를 볼 수 있겠네?"

우리는 닥터 스트레인지가 아니어서 다시 걸어서 교실로 돌아갔다.

여름에 볼 수 있는 닥터 스트레인지라.

수업 넷, 수박 수영장 만들기

[수박 수영장(안녕달, 창비, 2015)] 그림책에서 아이디어를 얻었다. 여름이 오면 어른 아이 할 것 없이 모두 수영복과 수영 도구를 챙겨서 커다란 수박 수영장에 놀러가서 수영을 즐긴다. 우리도 우리만의 수박 수영장을 만들어 보기로 했다.

ⓐ 성취기준

[2슬04-01] 여름 날씨의 특징과 주변의 생활 모습을 관련짓는다.

[2즐04-01] 여름의 모습과 느낌을 창의적으로 표현한다.

🎵 **수업초점 : 수박 수영장 만들기**

🎵 **수업준비 : 그림책, 그리기 도구, 큰 종이, 가위, 풀**

활동1 **좋아하는 과일 몸으로 표현하기**

과일을 먹는 모습이나 과일 형태를 몸짓으로 보여주면 다른 아이들이 맞힌다. 사과를 잘라 먹을 수 있고 쓱쓱 닦아 먹을 수 있다. 먹는 모습과 표현정도가 다르니 같은 과일이 나와도 괜찮다.

"오늘은 여름 과일 중에서 수박을 가지고 수업할거예요."

활동2 **그림책으로 살펴보기**

① 수영과 관련된 질문으로 이야기 나누기

"수영할 줄 아는 사람?", "수영하러 어디로 갔니?", "수영장에서 무엇을 했니?" 등 3가지 질문으로 이야기 나누기

② [수박 수영장] 그림책에서 수영을 즐기는 그림 장면 함께 감상하기

③ 마을 사람들이 수영을 즐기는 그림만 집중 관찰하기

  - 그림 속 인물이나 장면을 찾아서 몸짓으로 보여주기
  - 다른 사람들은 그림 속의 누구인지 알아맞히기

활동3 **수박 수영장 만들기**

① 우리만의 수박 수영장 만들기

  - 모둠별로 어떤 수영장을 만들 것인지 이야기를 나누기
  - 4절 도화지에 커다란 수박 반통 그리기
  - 역할 나누기(색칠하기, 수영장 안에 넣을 미끄럼틀, 다이빙대, 튜브, 아이스크림 가게, 고무공 등 각자 자기 종이에 그려서 오려놓기)
  - 수박 수영장 안에 조각 그림 붙이기
  - 수영장 이름 붙이기

② 우리 모둠 수영장에 가요.

- 수영복 입은 종이인형 만들기
- 모둠별로 수영장에서 수영시합이나 수영하는 인형놀이하기
- 가지고 놀았던 종이인형 풀로 붙이기

③ 마무리
- 모둠 수박수영장 감상하며 이야기 나누기

 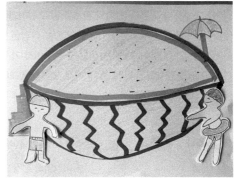

♬ **활동후기**

어떤 모둠은 수박 말고 자기들이 좋아하는 참외 수영장을 꾸미고 싶다고 하여 그렇게 하도록 했다. 수영복을 입고 있는 개인 사진이 있으면 더 좋지만 사진이 없으면 사람모형 그림에 아이 얼굴만 오려 붙이고 수영복 꾸미기를 해도 참 재미있다.

나. 우리 가족 이야기

아이들은 주말에 집에서 뭘 했는지, 무엇을 먹었는지, 부모님이 어디로 출장을 가셨는지, 동생이 아팠던 것까지 많은 가족이야기를 들려준다. 게다가 선생님은 어디에서 사는지, 결혼을 했는지, 가족이 몇 명인지 나의 가족 이야기도 궁금해 한다.

여름 교과에서 만난 가족은 익숙하면서도 어렵다. 특히 가족호칭, 가족행사는 명칭도 낯설고 구체적으로 겪어보지 못한 모임, 대상이 많아서 어려웠다. 우리는 교실에서 가족을 만들고 가상의 이야기를 만들었다. 가족 범위를 더 확장시키지 못하고 지금 내 곁에 있는 가족을 중심으로 전개된 수업이 아쉬웠다. 그러나 그 시간 동안 아이

들은 가면놀이, 젓가락 놀이, 즉흥극 발표로 서로의 가족을 소개하고 만날 수 있었다.

성취기준
[2국01-05] 말하는 이와 말의 내용에 집중하며 듣는다.
[2국01-06] 바르고 고운 말을 사용하여 말하는 태도를 지닌다.
[2국03-02] 자신의 생각을 문장으로 표현한다.
[2국05-04] 자신의 생각이나 겪은 일을 시나 노래, 이야기 등으로 표현한다.
[2바03-01] 가족 및 친척 간에 지켜야 할 예절을 실천한다.
[2슬03-02] 나와 가족, 친척의 관계를 알고 친척과 함께 하는 행사나 활동을 조사한다.
[2즐03-02] 가족이나 친척이 함께 한 일을 다양한 방법으로 표현한다.
[2즐04-02] 여름에 사용하는 생활 도구를 여러 가지 방법으로 표현한다.
[2수03-01] 구체물의 길이, 들이, 무게, 넓이를 비교하여 각각 '길다', '짧다', '많다', '적다', '무겁다', '가볍다', '넓다','좁다' 등을 구별하여 말할 수 있다.

수업	내용	쪽수
하나	우리가 만든 가족이야기로 작은 연극 발표하기	82
둘	종이가면과 몸짓으로 우리 가족 소개하기	89
셋	즉흥극으로 가족이 지켜야 할 예절 만들기	91
넷	젓가락 예절, 젓가락 가지고 놀아보기	95

수업 하나, 우리가 만든 가족이야기

♫ 성취기준

[2국03-02] 자신의 생각을 문장으로 표현한다.

[2국05-04] 자신의 생각이나 겪은 일을 시나 노래, 이야기 등으로 표현한다.

[2즐03-02] 가족이나 친척이 함께 한 일을 다양한 방법으로 표현한다.

♫ 수업초점

① 한 문장씩 연결하여 이야기 완성하기

② 우리가 만든 이야기로 역할극 보여주기

♫ 수업내용

총 3차시 수업으로 진행되었다. 1교시에는 아이들이 만든 문장으로 이야기를 완성하고 2교시에는 팀별로 역할을 나눠 연습하고 3교시에 발표했다. 8명~10명씩 두 팀을 나누었고 팀별 리더도 한 명씩 뽑았다.

	활동
1	아이들이 만든 가족 이야기
2	역할극으로 보여준 가족 이야기
3	역할극 보완해서 다시 발표하기
4	마무리 및 느낌나누기

활동1 아이들이 만든 가족 이야기

① '가족'이라는 주제로 한 문장씩 생각해 둔다.

② 칠판에 컴퓨터 화면을 띄워 작업을 공유한다.

③ 한 명씩 불러주는 문장을 한글프로그램으로 받아 적어 문장을 연결한다.

④ 팀 별로 이야기를 만든다. 한 팀이 발표할 때 다른 팀은 듣는다.

- 첫 문장만 나오면 그 다음 문장은 쉽게 만들어진다.

- "이야기가 어디에서 시작했으면 좋겠어?"라고 물어보며 이야기 장소를 첫 문장으로 제시하면 수월하게 진행된다. '옛날에 어떤 마을이 있었어.', '어느 마을 작은 학교가 있다.', '우리 마을에 아무도 가지 않는 집이 한 채 있다.'처럼.

- 이야기에 사건이나 인물이 나오지 않으면 선생님이 의도적으로 중간에 한 두 문장 추가하여 사건을 만든다. 문장을 말하기가 어려운 아이는 단어나 흉내내는 말을 부르면 다른 친구들이 문장으로 완성해준다.

⑤ 처음에 작성한 이야기는 출력해서 팀별로 나눠준다.

⑥ 팀별로 읽고 고치고 싶은 부분이 있으면 선생님께 요청한다.

⑦ 다시 화면을 보면서 같이 읽고 수정했다.

1팀이 만든 〈무지개 가족〉

어느 마을에 동물병원이 있었습니다. 병원 옆에는 큰 마당과 나무가 있습니다. 그 큰 마당에는 방방이(트램펄린)를 타면서 즐겁게 놀고 있는 형제도 있습니다. 마을 근처 자전거도로에 자전거를 타는 아이가 있습니다. 도로 밖에는 아이의 엄마가 지켜보고 있습니다.

동물병원 앞에는 큰 아름식당이 생겼습니다. 식당은 인기가 많았습니다. 마을에 있는 많은 가족들은 식당에 가서 맛있는 음식 먹습니다. 그 식당에는 아주머니와 소녀와 고양이가 살고 있습니다. 고양이는 소녀에게는 가족입니다. 어느 날 소녀가 고양이를 데리고 동물병원으로 갔습니다. 고양이는 많이 아팠습니다. 그 식당의 아주머니는 고양이가 걱정되었습니다. 고양이는 낫지 않아 소녀는 슬펐습니다. 소녀는 고양이에게 미안한 마음이 들었습니다. 왜 미안했냐면, 잘 지켜주지 못하고, 놀아주지 못해서 펑펑 울었습니다.

몇 달 후 드디어 고양이가 나았습니다. 소녀는 기뻤습니다. 고양이에게 맛있는 간식을 줬습니다. 고양이를 보러 가족들이 모였습니다. 고양이는 인기가 많아져서 기뻤습니다. 고양이는 임신을 했습니다. 고양이가 새끼를 5마리나 낳아서 모두 행복했습니다.

2팀이 만든 〈아름다운 집〉

어느 마을에 어떤 집이 있었습니다.

그 집안에는 가족이 있었습니다. 부엌에는 엄마를 도와 아빠가 요리를 도와주고 있습니다. 한 아이가 도로에서 걷고 있습니다. 아빠가 요리를 하다가 아이를 집으로 데리고 왔습니다. 아이는 부모님을 잃고 혼자 살고 있는 아이였습니다. 엄마아빠는 아이가 가여워서 자신의 아이들과 함께 살게 했습니다. 그리고 엄마가 만들어 놓은 맛있는 음식을 먹었습니다. 그리고 봄이 지나고 여름이 왔습니다.

마을 산 앞에는 공원이 생겼습니다. 새로 만난 가족들은 산에 놀러 가고, 공원에서 자전거랑 퀵보드를 탔습니다.

여전히 엄마는 집에서 맛있는 요리를 합니다. 아빠는 옆에서 도와줍니다. 밥을 다 먹은 아이들은 태권도 학원으로 갔습니다.

엄마는 장을 또 보러갔습니다. 내일 생일파티 준비를 하러 가는 길입니다. 그 다음날 할머니 생신파티를 했습니다. 이웃집 할머니들도 오셨습니다. 친척 분들이 케이크를 사왔습니다. 할아버지는 할머니께 축하 꽃을 드렸습니다. 우리 집은 행복했고, 아름다운 집입니다.

대본형태도 아니고 줄글만 가지고 어떤 식으로 역할극이 만들어질지 궁금했다. 자기들이 직접 만든 이야기이고 다같이 읽고 수정한 자료이기 때문에 극으로 표현하는 데는 무리가 없을 것 같았다. 극으로 만들려는 시도만으로도 대견하고 만족했다. 나도 적극적인 개입은 보류하고 아이들의 발표를 지켜보기로 했다.

① 완성된 이야기를 출력해서 나눠줬다.
② 역할을 나누고 연극 연습을 했다.
③ 공간도 만든다. 주로 책상을 움직여서 집과 거리를 구분하는 정도다.
　- 이야기 안에서 나오는 공간(식당, 동물병원, 주방, 공원과 산)은 책상으로 어디쯤인지 위치만 표시했다.
④ 등퇴장 약속도 했다. 음악이 시작되고 그 소리가 줄어들면 등장한다. 극이 거의 끝날 쯤 소리가 다시 커지면 퇴장하는 걸로 약속했다.
⑤ 리허설 발표하기

1팀은 뭔가 분주하다. 이야기처럼 방방이도 하고, "따르릉 따르릉" 자전거 노래도 부른다. 1팀의 ○○이와 ㅁㅁ이는 연극을 좋아한다. 하지만 ○○이는 자꾸 주인공을 하고 싶어 하고, ㅁㅁ이는 무조건 웃겨야하고 자기가 좋아하는 캐릭터 식인식물이 나와야한다. 결국 둘 다 자기 실력을 보여주지도 못하고 모둠 안에서 갈등을 겪었다.

2팀은 △△이가 연습을 하지 않고 자기 자리에 앉아있다. 자기 팀 리더가 싫다고 한다. 다른 남자 아이가 했으면 좋겠단다. 팀에서 정한 리더를 바꿀 수는 없었지만 이 아이의 참여유도를 위해 남자 아이를 공동리더로 추가했다. 다행이 △△은 다시 참여하였으나 몇 분 뒤 자기가 추천한 남자 아이도 싫다고 밀쳤다.
두 팀 다 갈등이 풀리지 않은 채 리허설을 했다.

리허설 결과를 보고 팀별로 수정했다. 팀별 갈등을 풀기 위해서 따로 이야기도 나눴다. 그 사이 마음이 누그러졌는지 금세 연습을 시작했다.

\# 1팀은 리더가 이야기를 한 문장씩 읽어주고 다른 아이들이 움직이는 해설팬터마임으로 진행했다. 이야기 속 문장들이 단문이어서 몸짓 표현에 무리는 없었다. 주인공과 고양이 관계는 잘 드러나지 못했지만 식당에서 일하는 장면이나 즐겁게 노는 동네 아이들의 모습은 잘 나타내었다.

\# 2팀은 리더의 목소리가 작았다. 이 팀도 해설팬터마임으로 진행했다. 리더가 해설뿐만 아니라 엄마 역할까지 맡아서 극의 흐름이 자꾸 끊겼다. 퀵보드를 타는 모습은 보는 관객들에게 웃음을 줬지만 너무 오래 보여줬다. 가족끼리 산에 올라가는 모습은 극적이었다. 가족들이 줄줄이 서서 교실을 이리 저리 돌다가 책상 위로 올라갔다. "야호"를 외쳤는데 긴 산행과 정상에서의 성취감이 잘 드러났다. 개인의 등산 경험이 반영된 거라 짐작된다. 마지막 박수를 치면서 할머니의 생신 축하 노래까지 부른다. 앞에서 어수선했던 모든 것들이 축하 노래와 박수로 정리되었다.

1팀은 [새로운 가족이 된 고양이 이야기], 2팀은 [3세대가 어울리는 대가족 이야기]로 처음에는 의도하지 않았지만 연습, 리허설, 최종 발표까지 이어지면서 극의 주제가 선명하게 드러났다.

이번 수업은 구체적인 질문으로 마무리 했다.

질문1 : 상대팀 극에서 인상 깊은 장면은? 재밌었던 장면은?

- 상대방 가족이 산에 올라가서 '야호' 할 때
- 아빠 역을 맡은 ○○이가 △△이에게 "왜 그러니?" 물어보고 "우리 집에서 살자" 라고 말 할 때

- ○○이가 자전거를 타면서 노래 부르다가 부딪힐 때
- 아이들이 방방이 탈 때, 퀵보드 탈 때

질문2 : 맡은 역할에 대해 어땠나요?
- 많이 하고 싶은데 조금 나와서 아쉽다.
- 다시 한다면 자전거 타는 형제를 할 거다.
- 아빠 역이 싫다. 자꾸자꾸 요리도 해야 하고 애들도 데리러 가야한다. 힘들고 귀찮다.
- 불만이 있다. 실제 죽은 우리 고양이가 생각나게 해서 내가 맡은 주인공이 싫었다. 죽은 콩콩이(실제 아이의 고양이 이름)가 살아났으면 좋겠다.

질문3 : 우리 팀에게 칭찬을 해준다면?
- 할머니 생일파티 노래, 해설을 잘 읽어줬다.
- "야호"했을 때 산 꼭대기 기분이 들었다.
- 방방이를 진짜 타는 것처럼 했다.
- ○○가 해설을 크게 잘 읽어줘서 우리가 잘 따라 한 것 같다.
- 우리 팀 리더가 잘했다.
- ○○이가 계속 고양이 역을 맡은 △△이에게 점프시킬 때 진짜 고양이랑 노는 것 같았다.
- △△가 실제로 말은 한 마디도 안했지만 주인 말을 잘 듣는 고양이, 아픈 고양이를 잘 표현했다.
- 예전에 △△이가 발표를 잘 안 했는데 이번에 고양이를 잘했다.
- △△이가 잘 할 수 있는 역할을 우리가 줬다.
- ○○이 우는 모습이 좋았다. 바다만큼 땅만큼 재밌다.

아이들은 스스로 리더의 조건을 찾은 듯 했다. 자기 팀이 잘한 건 리더 덕이라고 말하는 아이도 있었다. 계속 겉돌던 아이가 역할 수행을 잘하자 같은 팀들이 칭찬하는 모습도 인상적이었다.

'느낌 어땠어요?', '재미있었거나, 아쉬웠던 점 있어요?', '무엇을 배웠나요?'는 항상 마무리 필수 질문으로 사용했다. 그러나 이번처럼 새로운 수업을 시도했을 때, 함께 한 활동 속에서 특별한 점이 발견될 때 구체적인 질문으로 물어보면 그들이 보여준 것 보다 더 많은 이야기를 들을 수 있다.

수업 둘, 몸짓으로 우리 가족 보여주기

♬ 성취기준

[2즐03-02] 가족이나 친척이 함께 한 일을 다양한 방법으로 표현한다.

[2국01-06] 바르고 고운 말을 사용하여 말하는 태도를 지닌다.

[2국01-05] 말하는 이와 말의 내용에 집중하며 듣는다.

♬ **수업초점** : 가족 중 한 인물이 되어 표현하기

① 가면 그리기

- 두꺼운 도화지나 마분지에 얼굴 크기만 한 타원형 동그라미만 뚫어서 아이들에게 나눠준다.
- 원 주변으로 머리 모양이나 소품(넥타이, 목걸이, 머리핀 등)을 그려서 가족 구성원의 특징을 타나낼 수 있다.

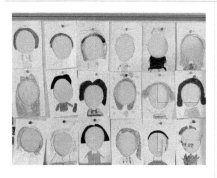  

② 가면 속 나를 소개합니다.

 - 내 가족을 소개하는 게 아니라, 내 가족을 흉내 내는 것이다.

 - 가면 구멍으로 얼굴을 내밀고 발표한다.

 - 가면을 얼굴에 고정시키는 아이도 있지만, 대부분 두 손으로 잡고 있어야 해서 몸짓 표현이 어렵다. 대신 소개하는 내용에 집중한다. (예) 안녕? 나는 ○○이 엄마 누구란다. 나는 회사에 다니고, ○○처럼 안경을 쓰고 있단다.

 - 막상 나왔는데 자기소개를 못하고 머뭇거리면 선생님이 인터뷰 형식으로 진행할 수 있다. "당신은 ○○이랑 어떤 관계인가요?", "○○이랑 집에서 무엇을 하고 지내나요?", "○○이 때문에 속상한 적이 있나요?"

③ 가족끼리 함께 있는 장면 만들기

가족끼리 생활하면서 볼 수 있는 장면을 뽑아 모둠별로 발표하도록 했다. "집에서 어떤 모습을 볼 수 있는지 모둠별로 이야기 해보고 한 부분만 나와서 발표하세요.", "엄마, 할머니, 삼촌, 이모, 아빠, 동생 등 누구든 하나씩 맡아서 움직여야 합니다." 두 가지 초점을 안내했다.

"강아지 해도 돼요?" - "응, 넣어도 된단다."

"사슴벌레 넣어도 돼요?" - "아, 글쎄."

④ 모둠 발표하기

1모둠이 발표한다.

엄마, 언니와 오빠, 동생 4가족이다. 장면에서는 아빠가 나오지 않기 때문에 한 부모 형태일 수 있지만 이미 극이 시작되는 시점에서 아빠는 출근했을 수도 있다. ○○이는 연필을 입에 물고 젖먹이 동생을 흉내 낸다. "얘들아 일어나, 애들아 밥 먹어." 다른 아이들은 역할 표현에 집중하는데 □□이는 자꾸 반말로 "안 먹어. 됐어."하면서 극을 방해한다. 1모둠은 한 장면이 아니라 아침에 일어나는 가족들 행동을 다 보여줬다. 아주 길게.

2모둠이 발표한다.

2모둠부터는 하나의 사건만 보여 달라고 다시 안내했다.

한 명이 강아지 흉내를 낸다. 강아지 빼고 다른 가족은 누가 엄마인지 아빠인지 아이들인지 구별이 안 된다. 한 명씩 돌아가면서 강아지 턱을 쓰다듬고, 등을 쓰다듬고, 연필을 물려준다. 연필은 강아지 간식인 것 같았다. 강아지 역할을 한 아이가 멍멍 짖는 것 빼고 다들 말없이 간결하다. 강아지랑 놀고 있는 가족이다.

적극적 참여를 이끄는데 모둠 구성이 얼마나 중요한지 새삼 깨닫는 시간이었다. 오늘은 총 5모둠에서 2모둠만 발표를 하고, 3개의 모둠은 포기했다. 평상시에 말이 많은 것과 학습활동의 자신감에는 차이가 있는 듯하다. 교육연극이 누구에게나 편하고 좋은 수업일 수는 없다. 즉흥극이나 몸짓활동 역시 발표하겠다는 동의가 있어야 한다. 모둠별 발표 역시 모두의 동의가 필요하다. 한 명이라도 발표를 거부하면 시키지 않는다. 그러나 해당 아이가 자기 빼고 다른 아이들이라도 발표하는 걸 바란다면 기회는 준다. 주저하는 아이가 원인이 되는 건 바라지 않는다. 억울해하는 모둠도 있다. 하지만 서로 기분 상하지 않게 달래고 양보하는 것도 모둠에서 해야하는 일이라고 했다. 알아듣는 것 같다.

수업 셋, 가족예절 즉흥극으로 표현하기

♫ 성취기준

[2바03-01] 가족 및 친척 간에 지켜야 할 예절을 실천한다.

[2슬03-02] 나와 가족, 친척의 관계를 알고 친척과 함께 하는 행사나 활동을 조사한다.

♫ 수업초점

① 가족 간에 지킬 예절이 무엇인지 고민하기

② 고민을 담아서 즉흥극으로 만들어 보여주기

활동1 가족예절 즉흥극 만들기

- 집에서 가족들 때문에 속상했던 이야기 해보기
- 가족끼리 필요한 예절을 담아서 즉흥극 만들기

1모둠 발표

여학생 셋이 나온다. 엄마와 자매의 이야기다. 엄마가 장난감(필통) 하나를 사서 아이들에게 준다. 둘은 서로 장난감을 잡아당기면서 싸운다.

"내놔! 내꺼야." 그러자 엄마가 "왜 싸우니!" 하고 말리자 서로 "언니가 갖고 놀아.", "아니야 네가 갖고 놀아."하며 장난감을 양보한다. 가족 문제와 해결 상황을 연결해서 보여줬다.

"어떤 예절이 필요할까요?" - "서로 욕심 부리지 말고 양보해야 해요."

2모둠 발표

이 모둠도 여자 셋이다. 우리 반은 제비뽑기로 짝꿍을 정하기 때문에 모둠별 남녀 성비가 고르지 않다.

"딸아, 밥 먹어."로 시작했다. 엄마와 딸이 등장하는 식사예절인가 싶었다.

"어머님, 밥 먹으세요." 어머님이 등장한다. 삼대가 등장했다.

셋은 수줍은 건지 대사 한 마디 없이 밥만 먹는다. 딸과 어머님은 그 자리를 옮겨 반대편으로 가서 앉는다. 그리고 엄마는 설거지 흉내를 마치고 다가간다. "이제 TV 끄고 자요." 그리고 끝났다.

"어떤 예절이 보여요?" - "식사할 때 조용히 먹어요."

아이들의 즉흥은 갑자기 툭 튀어나오지 않는다. 이미 본 것, 들었던 것, 읽었던 것, 겪었던 것을 바탕으로 만든다. 표현하려고 했던 게 맞는지 물었더니 그렇단다. 부모님과 같이 봤던 드라마 내용이거나, 할머니를 모시고 사는 아이가 있는 것 같다.

3모둠 발표

아빠 한 명, 아들 셋. 남자 넷이다.

"얘들아 학교 갔다 와."

아빠가 아들 한 명을 뒤에 태우고 유치원에 보낸다. 교실 한 쪽 구석에 내려놓는다. 또 두 명을 태우고 학교로 보낸다. 이번엔 반대쪽에 내려놓는다. 아까 내려놓은 아이가 자기에게 다가오자 "아들은 학교 가"하며 다시 돌려보낸다. 다른 한 아이의 자세가 바뀐다. 허리를 구부정하게 숙인 상태로 아빠 쪽으로 걸어간다.

아빠가 "왜요?"라고 말하자 할아버지처럼 보인다.

할아버지가 "뭐라고?" 말하자 아빠가 또 "왜요?" 한다.

"뭐라고?", "왜요?"를 몇 번 반복하더니 아빠가 할아버지 귀를 만지면서 나를 쳐다본다. "안 들리나 봐요."

아빠가 할아버지에게 밥을 드시라고 한다. 또 학교간 아들이 다시 온다. 왜 왔냐는 말에 아이들은 4교시 마치고 일찍 왔다고 한다. 갑자기 아빠가 유치원 아들 데리러 달려갔다. 다시 다 모였다. 모두 한 줄로 서서 허리를 잡더니 레스토랑에 가서 밥 먹자고 한다. 그리고 교실을 누비다가 멈춘다. 잠깐 먹는 시늉을 하다가 또 한 줄로 만들어서 누빈다. 발표 시간이 길어지니 계속 보는 게 힘들어진다.

"언제 끝나요?"

나만 힘들었나? 나머지 아이들은 여전히 딴 짓 없이 집중하고 있다.

내용이 산으로 가고 있는 건 확실했다.

갑자기 아빠가 온 가족을 자라고 한다. 드디어 끝났단다.

"무슨 예절이 담겨 있는지 추측해 볼래요?"

보고 있던 아이들은

"할아버지에게 잘 대해 줘야 해요."

"아이들을 잘 돌봐 줘야 해요."

"외식은 다 같이 해야 해요."

"차 탈 때는 안전하게 다녀야 해요."까지 나왔다.

"너희가 표현하고자 한 게 나왔니?"라고 물어보니 아빠가 인심 쓰듯이 "다 맞는 답!"이라면서 앉아있는 아이들에게 박수를 쳐주면서 들어간다.

진짜 끝났다.

4모둠 발표

남자 아이들 또 등장. 우선 둘이 중앙에 나온다. 대사가 나오기 전까지는 역할을 모르겠다. 한 아이가 다른 아이에게 무엇인가 내민다.

"싫어요! 싫어요! 이거 안 먹을 거예요."

다른 아이가 나오더니 손가락을 들고 충고한다.

"아빠에게는 '잘 먹겠습니다.'라고 말하고 먹는 거야."

"네."

"어떤 예절일까요?" - "밥 먹을 때 감사 인사하면서 먹어요."

5모둠 발표

남자 둘, 여자 둘이 나온다. 여자 둘이 나오면서 학교에 가자면서 걸어간다. 자매인가 보다. 아이들이 가는 길에 남자아이를 만난다.

"얘들아, 안녕?"

자매들은 "네."하며 별 이야기 없이 휙 지나친다. 무슨 상황이지? 다른 아이가 나오더니 여자 아이 둘을 불러 세운다.

"할아버지 손님에게 그게 뭐야. 예의 바르게 행동해야지. 예의! 예의!"

모둠이 전하려고 하는 메시지를 대사 속에 넣어서 전달했다.

"어떤 예절일까요?" - "가족 손님에게도 바르게 인사하기."

6모둠 발표

"고양이 예쁘다."

아이 한 명이 마치 고양이가 옆에 앉아있는 것처럼 쓰다듬다.

남자 아이가 나오더니 "누나, 고양이 만져 봐도 돼?"하면서 톡톡 치는 시늉을 한다. 누나가 고양이(투명 고양이)를 뺏어서 도망간다. 동생이 누나를 쫓아간다. 갑자기 남동생이 멈춘다. "나! 아빠!"라고 외치면서 역할을 갑자기 바꾼다. 그리고 원래 남동생이 있어야 할 자리를 향해 엄한 표정을 짓는다.

"너희 왜 서로 못살게 굴어! 사이좋게 지내야지. 고양이도 괴롭히지 말고."

"어떤 예절일까요?" - "고양이도 가족처럼 아껴줘요."

* 가끔 1인 2역을 해야 할 때 습관적으로 '나는 누구' 이렇게 관객에게 알려주는 경향이 있다.

: 가족 관련 다른 수업 잇기 :

하나, 2부 4장 돼지책 이야기극화와 연결해보기
둘, 3부 3장 세상에서 가장 힘센 수탉과 연결해보기

수업 넷, 젓가락 예절? 젓가락 가지고 놀아보기

통합 교과서 여름에 가족 간에 지킬 예절 중 하나로 식사와 관련된 젓가락이 나온다. 젓가락을 잘 사용해야 음식을 제대로 집을 수 있고, 젓가락을 놓쳐 떨어뜨리는 실수도 덜할 것이다. 젓가락으로 다양한 놀이를 하면서 자기 실태를 파악할 수 있다. 부족함을 느끼면 앞으로 제대로 사용하려고 노력할 것이고, 충분한 아이는 놀이 활동 시간이 만만해질 것이다. 젓가락은 단체놀이 도구, 연극놀이 변형 소재로 활용된다. 다 쓰고 나면 다시 재활용할 예정이다. 여름도구 그리기에 한 짝, 젓가락의 첫 모습이었던 나무로 한 짝씩 되돌아간다. 아이들은 나무젓가락을 잘 뜯어서 두 짝을 준비한다. 한 짝씩 이름을 써서 잃어버리지 않도록 한다.

활동1 젓가락 변형놀이

① 젓가락이 어떤 물건으로 변형될 수 있는지 생각한다.
② 교사가 먼저 시범을 보여준다.
③ 한 명씩 나와서 젓가락을 가지고 변형된 대상을 보여준다.
④ 앉아 있는 다른 아이들은 무엇으로 변형되었는지 맞혀본다.

변형놀이로 신문지와 보자기는 많이 이용했지만 젓가락은 처음 한다. 내가 먼저 젓가락 한 짝씩 양손에 쥐고 폴짝폴짝 뛰었다. 아이들이 줄넘기란다. 줄넘기의 어떤 부분이냐고 물었더니, '손잡이'가 자연스럽게 나온다.

- 두 아이가 젓가락으로 글자를 만들어 보여줬다. 알파벳의 엑스!

문자말고 어떤 물건을 활용하는지 보여 달라고 했다.

- 젓가락을 마스크를 쓴 입 양쪽에 넣는다. 드라큘라!

- 무릎 하나를 세우고 앉는다. 양 손에 든 나무젓가락으로 사격을 한다. 총!

- 머리를 흔들며 젓가락을 위아래로 마구 흔든다. 헤비메탈!

바이올린, 첼로, 피리 같은 악기. 지휘봉도 있었다. 활, 도끼, 톱, 칼도 나왔다. 딱 한 명이 안하고 있다. 다른 시간에도 발표한 적이 없다. 시간이 없어서 그냥 넘어갈까 하다가 도와줄 테니 함께 하자고 해서 겨우 일으켜 세웠다.

"너 썰매나 스키 타봤어?" 귓속말로 물었더니 고개를 끄덕인다.

"우리 그거 하자!"면서 아이들에게 보여줬다. 머뭇거리더니 따라한다. 내가 더 신나게 보여주긴 했지만. 아이들이 못 맞히면 낭패다.

"썰매!"

다행이다. 맞혀줘서 고맙다.

활동2 나무 공깃돌 옮기기

① 한 명이 접시 하나씩 받는다.

② 시작 접시에 각자 나무공깃돌 5개씩 다 넣는다.

③ 시작 접시에 넣은 공깃돌을 1번이 집어서 2번 접시에 놓고, 2번은 그걸 다시 3번 접시에, 3번 도 다시 4번 접시에, 4번은 그걸 계란 판에 가장 빨리 옮겨 놓으면 끝이다.

놀이를 하니까 성향이 나온다. 움직임이 더딘 친구에게 '바보야!'하는 갈등도 생긴다. 그래서 사과해야 하는 상황도 생긴다. 나쁘다고 생각하지 않았다. 아이들은 다양한 갈등을 조금씩 겪으면서 어떻게 해결해야하는지 경험해야하니까. 또 한 명은 자기 팀이 지니까 처음 공깃돌을 나르던 아이를 탓한다. 모든 게 뜻대로 되지 않는다는 것도 알아야 하고, 모든 사람들이 졌다고 너처럼 남을 탓하기만 하지 않는다는 걸 보고 느꼈으면 한다.

가끔 놀이를 하다보면 "같이 해서 즐겁다."라는 효능보다 아이들이 해결할 수 있는 적절한 크기의 갈등 상황들을 만나기도 한다.

활동3 젓가락 길이 비교하기

① 수학시간에 젓가락 모두 활용한다.

② 한 짝은 기준선으로 쓰고, 다른 한 짝은 맨 위에 놓고 길이를 비교한다.

③ 나무젓가락을 기준으로 더 짧은 거, 더 긴 물건을 찾아 놓아본다.

④ 나무젓가락을 이용해 나무공깃돌과 플라스틱 공깃돌 두 개 층을 쌓아 높이 비교를 했다. 생각보다 층을 쌓기가 어려웠다. 또 그만큼 완성된 친구들과 실패한 친구들의 반응은 극과 극이었다.

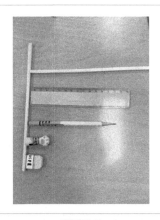

길이비교

높이 쌓기

활동4 나무로 되돌아 간 젓가락

① 여름에 필요하거나 볼 수 있는 것, 막대기 변형 물건 그리기

젓가락 한 짝만 이용해서 젓가락 선이 포함된 여름 물건을 만든다. 대부분 아이스크림, 부채 등이 나왔다. 한 아이는 그 한 짝을 조각을 내어서 선풍기를 만들

었다.

② 나머지 젓가락 한 짝으로 나무를 만든다. 가운데 나무 기둥으로 붙이고 색종이 하나로 나뭇잎을 꾸며준다. 색종이도 버리는 조각 없이 다 사용해서 붙이도록 했다. 색종이도 나무, 젓가락도 나무이다. 둘 다 나무 한 그루로 표현된다.

| 나무로 돌아간 젓가락 | 여름이 된 젓가락 |

다. 여름에 찾아온 도깨비

통합교과 봄, 여름, 가을, 겨울에서 그 계절의 특징, 동식물, 사람의 모습을 만난다. 이 수업의 성취기준은 여름 날씨의 특징과 주변의 생활 모습을 관련짓고, 여름에 사용하는 생활 도구의 종류와 쓰임을 조사하는 것이다. 8살, 여덟 번의 여름을 맞는 1학년. 이 수업이 흥미로울 수 있을까?

고민 끝에 여름을 배우는 게 아니라 알려주는 상황을 선택했다. 여름을 모르는 누군가에게 알려줘야 하는 입장이 된다면? 알고 있는 내용을 제대로 쓸 수 기회가 있다면? 누구를 도와줄까? 여름을 모르는 사람도 있을까? 북극에 사는 곰? 남극에 사는 펭귄? 도깨비? 도깨비!

그냥 도깨비로 정했다. 내가 좋아하는 도깨비! 아이들이 연극놀이 때 만난 친근한 캐릭터다. 내가 여름이라는 걸 전혀 모르는 겨울나라에서 온 도깨비가 돼서 덥다고 떼를 쓸 계획이다. 그러면 아이들이 여름 날씨와 여름을 이기기 위해 어떤 옷차림과 어떤 행동을 해야 하는지 자세히 이야기해줄 것이라고 기대를 했고, 그 기대는 실제 수업에서 이루어졌다.

[2슬04-01] 여름 날씨의 특징과 주변의 생활 모습을 관련짓는다.

[2슬04-02] 여름에 사용하는 생활 도구의 종류와 쓰임을 조사한다.

⑦ 수업초점

① 도깨비에게 여름 날씨의 특징 알려주기

② 더위를 이길 수 있는 방법을 말하기

⑦ 수업내용

	활동	
1	• 겨울나라 도깨비가 왔어요.	• 털모자, 겨울소품
2	• 겨울 도깨비에게 여름 설명하기	• 보조가방, 교과서
3	• 잘 가! 겨울 도깨비	
4	• 마무리	

누가	어떤	역할	소품
아이들	여름을 잘 아는	아이들	–
교사	겨울나라에서 온	도깨비	겨울관련 소품들

활동1 겨울나라 도깨비가 왔어요.

"아이고 더워!"

역할 내 교사인 도깨비가 겨울 털모자, 카디건을 걸치고 등장한다. 너무 덥다면서 핫팩이나 목도리, 수면양말을 신으며 뭘 해도 덥다고, 왜 더운지 모르겠다고 투정을 부렸다.

"모자 벗어!"

"옷을 너무 많이 입었잖아."

아이들은 답답해하고, 어이없어하면서 여름 날씨(더위와 강한 햇빛)에 대해 알려준다.

"햇빛 때문에 더운 거야. 그러니까 그렇게 두꺼운 옷은 안 돼!"

"목도리는 추울 때 하는 거야. 목도리를 빼면 시원할거야!"

잔소리도 그런 잔소리가 없었다. 그래도 도깨비 옷차림이 지금 날씨와 어울리지 않다는 것을 자세히 설명해준다.

이제 도깨비가 정중히 부탁을 한다.

"얘들아 어떻게 하면 더위를 피할 수 있을까?"

- 모둠별로 도깨비에게 더위를 피하는 방법을 알려준다.

"말로 들어도 모르겠어. 도대체 뭘 어떻게 하라는 거야?"

- 한 명씩 나와서 수면양말을 벗기고, 모자를 벗기고, 겨드랑이에 껴놓은 핫팩도
  가져갔다.

"아무리 들어도 모르겠어. 금방 금방 까먹어. 적어줄 수 있어?"

- 아이들이 여름 사용 설명서(더위를 피하는 비법)를 그림과 교과서 뒤에 있는 스
  티커를 활용해서 만들어준다.

만든 설명서를 도깨비가 가지고 온 보조가방에 넣었다.

"이건 뭐야? 무슨 그림이야? 난 겨울 도깨비야. 이런 거 처음 봐. 어떻게 사용하라
는 거야?" 도구 이름이나 사용법을 반복적으로 물어봤다.

- 아이들은 사용하는 방법을 보충해준다. 비밀스러울 것도 없는데 내 귀에 속삭이
  는 아이도 있다. 어른인 선생님이 도깨비가 되어서 모른다고 하니까 안타까웠는
  지 조심스럽게 알려준다. 예쁘다.

"얘들아, 아무 것도 모른다고 놀리지도 않고, 친절하
게 대해줘서 고마웠어. 너희가 준 설명서는 우리 가
족들에게 잘 설명해 줄게. 미안한데 우리 가족들
에게 보여 줄만한 물건을 얻어 갈 수 있을까?"

도깨비는 여름 사용 설명서가 담긴 보조가방을
들고 아이들 근처로 다가갔다. 아이 몇 명은 나를 불러
서 자기가 갖고 있는 물건을 가방에 담아주었다. 손부
채, 물통, 손수건 등을 넣어준다. 한 명은 정신없이 흘
러내린 내 앞머리를 자기가 갖고 있던 머리핀으로 꽂아준다.

"안녕! 진짜 안녕! 겨울에 꼭 다시 올게!"

아이들에게 겨울이 오면 다시 만나기로 약속하고 역할을 벗었다. 활동 세 개를 다 마치고서 아이들의 선생님으로 돌아왔다.

활동4 마무리

　　- 도깨비를 도와주면서 무엇을 느끼고 배웠나요?
　　- 도깨비는 더위를 잘 이길 수 있을까요?

누군가를 돕는 행위는 유쾌한 일이다. 그리고 몇 달 뒤, 겨울에 아이들이 갑자기 물었다.

"왜, 겨울 도깨비 안 와요?"

라. 오싹오싹 두근두근 연극놀이

어릴 적에 들었던 무서운 이야기를 이제 어른이 된 내가 아이들에게 말한다. 귀신이야기는 학년 상관없이 나름 아이들과 친해질 수 있는 고리였는데 요즘 망설여진다. 무서운 게 싫다는 아이가 있으면 아쉬워도 접어야한다. 또 아이들은 '학교괴담', '신비아파트', '괴담레스토랑'

등 각종 애니메이션과 만화책, 유튜브를 통해 나보다 더 많이 알고 있다. 대안은 있다. 쫓고 쫓기는 구조나 몰래 도망가는 연극놀이. 아슬아슬하고 두근거리는 기분을 느낄 수 있다. 놀이에 어울리는 이야기, 역할, 음향을 추가하여 비오는 날이나 흐린 날 진행하면 참 좋다. 오싹거리는 무서움은 이야기의 서사에서만 나오는 게 아니다. 그냥 그 아슬아슬함을 즐기고 싶어 하는 집단의 태도에서도 나온다.

지금부터 소개할 놀이들은 짬짬이 하는 게 아니라 1시간은 충분히 걸린다. 여러 번 해야 재미있다.

[2국01-05] 말하는 이와 말의 내용에 집중하며 듣는다.

[2국05-01] 느낌과 분위기를 살려 그림책, 시나 노래, 짧은 이야기를 들려주거나 듣는다.

[2국05-05] 시나 노래, 이야기에 흥미를 가진다.

[2즐01-01] 친구와 친해질 수 있는 놀이를 한다.

[2즐04-04] 여름에 할 수 있는 여러 가지 놀이를 한다.

순서	연극놀이	쪽수
하나	뺏긴 뼈다귀 찾으러 출발! [개뼈다귀 찾기]	102
둘	웃지 마! 움직이지 마! [곰과 나무꾼]	104
셋	우리들 중에 드라큘라가 있다! [드라큘라를 찾아라.]	107
넷	교실 숨바꼭질? 어디에 숨어? [교실 숨바꼭질]	110
다섯	나는 사람을 먹는 도깨비! [도깨비를 피해라!]	111
여섯	시키는 대로 움직이기 [귀! 신! 발!]	112

연극놀이 하나, 뺏긴 뼈다귀 찾으러 출발!

[개뼈다귀 찾기 게임]은 맑은 날보다 흐리거나 비오는 날에 하면 긴장감은 더 높아진다. 몇 번을 해도 질리지 않는다. 많은 아이들이 동시에 출발해도 놀이 구조상 조용할수밖에 없다. 술래 한 명이 강아지가 되어 눈을 가리고 뼈다귀를 훔치러 다가오는 친구들을 향해 "멍!"하고 외치면 된다.

♪ **놀이초점 : 소리 내지 않고 움직이기, 소리 나는 방향 찾기**

♪ **활동순서**

① 술래 한 사람을 정한다. 눈을 감고 의자에 앉는다.

② 술래가 앉은 의자 밑이나 책상위에 뼈다귀를 대신할 물건을 놓는다.

③ 술래는 뼈다귀를 지키고 다른 친구들은 뼈다귀를 찾으러 간다.

④ 술래는 움직이는 소리를 잘 듣는다. 소리가 나면 팔을 들어 그 방향 쪽으로 "멍!"하고 외치며 가리킨다. 이때 모두 얼음 한다.

⑤ 가리킨 방향에 사람이 있으면 그 사람들은 강아지에게 걸렸다. 놀이 밖으로 나간다. 다른 사람들은 멈췄다가 정리가 되면 다시 움직인다.

⑥ 뼈다귀를 잡은 사람은 지정된 자리로 조용히 빠져나간다. 보통 술래 뒤쪽이나

밀어놓은 책상위로 올라가라 한다. 가는 도중 강아지에게 "멍" 소리를 맞아도 상관없다.

⑦ 놀이가 끝나면 술래는 뼈다귀를 얼마나 잘 지켰는지 눈을 뜨고 확인한다.

⑧ 술래를 바꿔서 여러 번 반복한다. 소리가 날까봐 끝까지 움직이지 않은 아이는 시간초과로 정리한다.

서로 술래(강아지)가 되고 싶어 한다. 술래는 놀이가 끝날 때까지 눈을 뜨면 안 된다. 다른 사람들의 의심을 덜기 위해 내 손으로 시야를 가렸다. 아이들은 맞은편에서 술래를 바라보고 앉는다. 바로 시작할 수 있고, 뼈다귀를 왜 찾으러 가야하는지 상황을 만들어줘도 괜찮다.

"여기 크고 무서운 개(술래)가 있다. 이 개가 욕심이 많아서 너희들 뼈다귀를 다 가져갔지. 너희는 배가 고파. 이제 책상 위에 있는 뼈다귀(나무 조각)를 다시 찾으러 갈 거야. 그런데 어떡하니? 이 개는 귀가 밝아서 소리를 잘 듣는단다. 소리가 들리면 멍 하고 짖는단다. 우리는 아주 조용히, 조심조심 움직여야 해. 이제 시작할까?"

"준비 시작!"

아이들은 움직인다. 선생님은 술래의 눈높이에 맞춰 자세를 낮춘다. 술래가 "멍!" 하면 모든 사람이 바로 멈춘다. 우선 멈춘다. 술래가 가리킨 손가락 방향에 아무도 없으면 "다시 움직입니다."라고 말하며 활동을 지시한다.

또 "멍!" 외친다. 다 멈췄다. 한 명을 지목했는데 그 아이 뒤에 많은 아이들이 줄줄이 서 있다. 앞 사람만 탈락시킬 수 있고, 같은 방향에 서 있는 아이들 모두 탈락시킬 수 있다. 선생님 마음이다.

다음 판에서는 다들 납작 엎드려 기어간다. 소리를 줄이기 위해 실내화는 출발선에 벗어 놓았다. 그 진지함이란…. 소리를 내면 안 된다는 놀이의 초점은 아이들을 더 긴장시킨다. 놀이 상황 설정이 사람들이 감시자를 피해서 도망가거나 탈출하는 형태면 '멍!' 대신 '빵!', '탕!'으로 바꿀 수 있다.

그 뒤 한 동안 점심 먹고 남은 시간에 그 좋다던 운동장도 나가지 않고 자기들끼리 개뼈다귀 놀이를 하고 있었다.

연극놀이 둘, 곰과 나무꾼

역할이 분명한 연극놀이다. 곰과 나무꾼의 잡고 잡히는 관계가 긴장감을 준다. 다른 아이들은 움직이지 못하는 상태에서 술래만 움직이기 때문에 처음 연극놀이를 시작하는 선생님들에게는 수월하다.

♬ **놀이초점** : **움직이지 않기, 웃음 참기, 역할 인식하기**

♬ **활동순서**

① 공간 구분과 약속 정하기

　- 교실 공간은 곰이 있는 곳, 나무꾼의 집과 숲으로 구분한다.

　- 술래(곰) 한 명을 뽑고 나머지는 나무꾼이다.

"곰은 아직 등장하지 않아. 여기 곰이 사는 동굴에 머물고 있으면 된다." 곰은 교실 문 앞에 따로 놓은 책상 옆에 머물게 했다.

"나무꾼은 여기 집에서 모두 누워서 자고 있어요."

각자 위치에서 준비가 되면 이야기와 놀이를 시작한다.

② 이야기 시작하기

나무꾼들이 일어나는 장면부터 이야기가 시작된다.

"꼬끼오! 일어나세요. 나무꾼은 일어나서 세수합니다. (각자 원하는 대로 세수한다.) 아침밥도 먹습니다. (숟가락질하는 아이, 손으로 먹는 아이, 옆 사람을 무는 척하는 아이 등 다양하다.) 에고, 배부르다. 이제 일하러 나갑시다. 창고에서 도끼를 가져오세요."

나무꾼은 보이지 않는 상상의 도끼를 하나씩 들고 허공에 대고 휘두르고, 뭔가 찍으면서 나온다.

[나무하러 산으로 올라가기]

선생님은 산으로 데려가는 안내자가 되어 아이들 앞에 나온다.

"안녕하십니까! 나무꾼 여러분! 오늘 제가 여러분을 아주 튼튼한 나무가 있는 산으로 데리고 가겠습니다. 다칠 수 있으니 도끼를 조심히 들고 한 줄씩 서서 저를 따라와 주시기 바랍니다."

교실을 한 두 바퀴 크게 돈다. 나무꾼의 집은 이제 숲이 된다.

"여깁니다. 저는 저쪽 마을 나무꾼들을 데리러 가야하니 이만 내려가겠습니다. 수고 하십시오."

아이들은 흩어져서 나무를 벤다. 몇 명은 머뭇거리다가 다른 친구들을 보고 따라한다.

"잠깐! 얼음!" 나무꾼을 멈췄다.

"나무꾼들은 뭔가 발견했어요." 말도 끝나기도 전에 누가 "산신령이요."하고 외친다.

"쉿! 아니에요! 곰이에요."

곰이라는 소리에 아이들은 소리치며 도망 다닌다. 얼음도 무시하고 도망간다.

"나무꾼! 모두 다 얼음! 진짜 얼음!"

[곰이 나타났다.]

"드디어 곰이 등장합니다. (힘든 자세로 멈춘 나무꾼이 있다.) 나무꾼은 편한 자세로 얼음하세요. 지금은 위험하지 않아요."

오랫동안 혼자 있던 곰에게 다가갔다.

"곰에게 잠깐 질문을 하겠습니다."

내 질문에 곰을 맡은 아이도 즉흥적으로 대답을 했다.

"곰은 며칠 굶었죠?" – "100일요."

"뭘 먹고 사나요?" – "사람이요."

"저기 사람이 보이나요?" – "네."

"얼마나 보이나요?" – 일일이 친구들 이름을 부르며 센다.

"이제 사냥을 하러 갈까요?" – "네!"

"모두, 얼음!"

이야기는 끝났다. 본격적으로 놀이가 시작된다. 연극놀이 규칙을 알려준다.

③ 연극놀이 시작! 죽은 척해서 살아남자!

"이제 시작입니다. 나무꾼! 100일 동안 굶은 곰이 올 건데 어떻게 할래요?" 한 명씩 인터뷰한다.

- 도망친다. 도끼로 찍는다. 죽은 척한다.

"맞아요. 죽은 척 하면 살 수 있어요. 어떻게 죽은 척하죠?"

- 움직이지 말아요.

"맞아요. 얼른 죽은 척하고 움직이지 않아요. 웃어도 안 돼요. 말해도 안 돼요. 숨 쉬는 것은 괜찮아요."

"하나! 둘! 셋! 죽은 척 준비 다 됐죠?"

아이들은 다양한 자세로 눕는다. 눈뜨고 죽은 아이도 있었다.

"곰! 이제 나와도 됩니다. 조심할 것은 누워있는 나무꾼의 몸을 만지지 말고 귀에 큰 소리 지르면 안 됩니다. 이리 저리 돌아다니면서 눈으로 찾으세요."

조용하다. 곰은 움찔대는 나무꾼을 찾는다. 옆에서 선생님이 "어흥, 쿵쿵, 워우" 소리를 내거나 발소리를 내주면 좋다.

"아, 맛있겠다. 맛있겠다."하면서 누워있는 아이들 사이를 돌아다니면서 곰을 도와줬다. 웃어버린 나무꾼은 약속대로 조용히 일어서서 칠판 앞 곰이 있었던 집으로 간다.

④ 놀이 마무리

곰에게 초점을 맞추면 정해진 시간 동안 나무꾼을 가장 많이 잡은 곰이 이긴다. 반대로 나무꾼에게 초점을 맞추면 게임이 반복되는 동안 한번도 잡히지 않은 아이들에게 보상을 해준다.

어떤 곰은 훨씬 여유가 있고 놀이를 즐길 줄 알았다. 내가 나무꾼들과 이야기 하고 있을 때 이 곰은 책상위에 올라가서 나무꾼들을 내려다봤다. 힘의 구도, 먹고 먹히는 구도가 시각적으로 보인다. 자기 역할과 상황을 즐긴다. 반면 몇 아이들은 불안해했다. 곰에게 잡아먹힐 수 있다는 설정과 움직이면 안 된다는 규칙 때문인 듯하다.

- 죽은 척 하기가 힘들었다. 움직이면 안 되고 곰이 어디서, 누구한테 올지 전혀 몰랐기 때문이다.

- 내 인생이 더 낫다. 나무꾼이 너무 힘든데 나는 괜찮은 것 같다. 나무꾼은 힘들게 사는데, 나는 누워있으니 편했다.

연극놀이 셋, 드라큘라를 찾아라.

'드라큘라를 찾아라.'는 참여하는 아이들 모두 눈을 감고 돌아다니면서, 누가 드라큘라인지 찾아야 한다. '눈 뜨지 않기, 조용히 움직이기, 안전하게 움직이기'. 이 세 가지가 잘 지켜져야 한다. 아이들이 가장 좋아하는 연극놀이다. '도깨비를 찾아라, 유령을 찾아라, 술래를 찾아라.'처럼 드라큘라를 학년 정서에 맞게 조정하면 된다.

🎵 **놀이초점 : 눈 감고 조용히 걷기, 안전하게 걷기, 드라큘라 찾기**

🎵 **활동순서**

책상은 뒤로 밀어놓고 놀이 공간을 크게 확보한다. 아이들은 큰 원을 만들고 원 안쪽을 바라보고 선다. 고개를 숙인다. 눈을 감는다. 선생님은 아이들 사이사이를 돌아다니면서 놀이 방법을 설명한다.

① 선생님이 목 뒤를 손으로 살짝 찍은 사람이 드라큘라가 됩니다.

② 모두가 눈을 감아야하고, 움직일 때는 양 팔로 자기 어깨를 가볍게 감싸고 걷습니다. (손을 앞으로 뻗어 더듬거리면 얼굴을 긁히거나, 부딪히면서 친구를 칠 수 있다.)

③ 드라큘라는 걷다가 부딪히는 사람을 조용히, 아주 조심이 잡아서 "내가 드라큘

라야." 하고 속삭입니다.

④ 드라큘라에게 잡혀서 그 소리를 들은 사람은 세 걸음 걷다가 "으악!"하고 소리를 지릅니다. 그리고 얼른 눈을 뜨고 아무 말 없이 밖으로 나옵니다.

⑤ 사람끼리 부딪힐 때는 "미안합니다." 말을 하면서 지나갑니다.

⑥ 살아있는 사람 중에서 누가 드라큘라인지 알 것 같은 사람은 손을 들고 "마늘!" 하고 외칩니다. 그러면 모두 '얼음'을 시키고 정답을 들어볼게요. 정답이 아니면 말한 사람과 정답으로 불린 사람 둘 다 탈락입니다. 정답이면 그 판은 끝납니다. 그리고 새로 드라큘라를 뽑아서 다시 할 거예요.

눈을 감고 전체가 움직이는 경우 교사의 도움말(사이드코칭)은 중요하다.

- 눈을 절대로 떠서는 안 돼요.

- 여기는 컴퓨터 책상입니다. 조심하세요.

- 멈춰있지 말고 조용히 움직이세요.

- 걷다가 부딪힌 사람을 밀치면 안 됩니다.

- 드라큘라를 만난 사람은 반드시 앞으로 나와야 합니다.

- 죽은 사람은 눈을 뜨고 나오되 누가 드라큘라인지 말해서는 안 돼요.

- 드라큘라 목소리가 너무 크면 안 됩니다.

- 죽어서 나온 사람들은 조용히 있어야 합니다.

- 다른 사람들이 드라큘라 목소리에 집중할 수 있게 도와주세요.

- 죽을 때 비명을 크게 질러주세요.

드라큘라를 정할 때 나도 긴장한다. 드라큘라가 나올만한 분위기를 만들기 위해 교실 전등도 끄고 늑대 소리 같은 효과음도 틀었다. 서로 부딪히면서 "미안합니다. 죄송합니다." 했을 때 쯤 긴장이 풀린다. 그러다가 "으악!" 소리가 나오면 모두 멈칫한다. 사람들이 6명 정도 살아남았을 때 서로 눈을 떠서 누가 생존했는지 확인했다. 이 안에 드라큘라가 있다는 것을 확인하고 다시 놀이를 반복한다. 드라큘라(술래)에 따라 게임 지속시간이 달라졌다.

이런 아이가 있었다.

자꾸 살아나는 드라큘라가 있다. 아이들은 누가 드라큘라인지 모른다. 나만 안다. 그런데 내가 지정한 드라큘라가 죽는다. 이상하다. 드라큘라가 없는데 "으악!"하며 죽은 아이들이 나타난다. 나도 모르는 드라큘라가 저 중에 있다. 그러나 드라큘라를 찾을 수 없었다.

"연습게임 끝!" 첫 판은 연습이라고 짧게 중단시켰다.

두 번째 판 시작. 또 진짜가 죽는다. 드라큘라는 나오면서 머쓱해한다. 누군지 찾아야 했다. 찾았다. "네가 드라큘라 역을 했니?" 아이는 그렇단다. 내가 자기를 드라큘라로 찍었다고 했다. 그런 적이 없다는 사실을 알려주고 다시 했다.

세 번째 판에도 그 아이는 또 셀프 드라큘라가 되었다. 대답은 한결 같다. 내가 자기를 드라큘라로 찍었다고 한다. 아이를 잠시 놀이에서 제외시키고 다시 했다. 어떻게 술래(드라큘라)가 정해지고 놀이가 진행되는지 잘 관찰하도록 했다. 수많은 연극 놀이 중에 술래가 필요한 경우가 있다. 그 중 어떤 술래는 아주 인기가 많다. 술래를 시켜달라고 사정한다. 누군가의 죽고 사는 것을 좌지우지 할 수 있는 술래는 아주 매력적이다. 이번 드라큘라도 그 중 하나였고, 그 아이는 간절했었던 것 같다.

이 놀이는 비오는 날에 하면 으스스하다. 늑대 울음소리나 비바람, 천둥번개 치는 효과음도 도움이 된다. 아이들이 좋아하는 놀이는 쉽게 구별된다. 부딪혀도 짜증내지 않고 드라큘라를 찾아낼 때까지 긴 시간동안 눈을 뜨지 않는 모습에서 놀이를 제대로 지속시키고 싶은 마음을 볼 수 있었다.

연극놀이 넷, 교실 숨바꼭질

어릴 적 했던 숨바꼭질.

재래식 화장실, 큰 우물, 대추나무와 감나무.

나무 뒤에 숨고, 창고 안에 숨고, 낡은 철문 뒤에도 숨었다. 최고의 놀이터였다. 숨을 공간도 많고 어두운 시간이라 술래에게 불리했다. 매번 술래는 "못 찾겠다. 꾀꼬리."를 크게 외쳤고, 우리도 얼른 어두운 곳에서 뛰어나왔다.

이런 숨바꼭질을 교실에서 한다고? - 할 수 있다.

숨을 데가 있냐고? - 숨을 데가 있다.

조마조마함을 느낄 수 있냐고? - 느낄 수 있다.

🎵 **놀이초점 : 소리 내지 않고 숨기, 부딪히지 않고 안전하게 찾기**

🎵 **활동순서**

① 책상은 모두 뒤로 밀어 놓는다.

② 술래 한 명은 칠판 앞에 서서 눈을 감고 다른 아이들이 숨을 때까지 기다린다.

③ 선생님은 모두 숨은 것을 확인하고 술래에게 시작을 알려준다.

④ 술래는 눈을 감고 찾는다.

　　- 숨은 아이들은 다른 곳으로 이동하지 말고 그대로 멈춰있어야 한다.

　　- 술래의 안전을 위해 선생님은 술래 가까이 가서 어깨를 잡고 같이 움직인다.
　　　술래의 속도를 제어하고 장애물도 막아준다.

⑤ 술래는 더듬더듬하면서 아이들을 찾는다.

　　- 어떤 아이들은 책상 아래에 있기도 하고, 청소함 옆에 서있기도 하고, 책상위
　　　에 올라가기도 한다. 과감한 아이는 술래가 서 있던 칠판 옆에 서 있기도 한다.

　　- 아이들은 술래가 자기 몸의 민감한 부분에 닿을 것 같으면 그 자리에서 등을
　　　돌리거나 몸을 웅크려 자세를 바꿔도 된다. 두 손을 펼쳐서 그 부위를 막고

있어도 된다.

⑥ 술래 손에 닿은 아이는 조용히
나간다.

- 3분 정도 시간을 주고 술래 중
누가 가장 많이 잡느냐, 아니면
숨은 사람 중 누가 한 번도 잡

히지 않았는가에 초점을 맞춘다. 그 어떤 놀이보다 가장 긴장되고 조용하다.

연극놀이 다섯, 도깨비를 피해라!

연극놀이에서 만나는 도깨비는 피해야한다. 사람을 잡아먹는다. 사람 전체를 볼 수 없고 신체 일부만 보고 사람이라고 알아챈다. 어떤 도깨비는 눈만 보고, 다른 도깨비는 배꼽만 볼 수 있다. 그래서 우리는 몸을 다 숨길 필요 없이 그 부위(눈이든, 배꼽이든)만 가리면 도깨비를 피할 수 있다.

🎵 **놀이초점 : 도깨비가 외치는 신체부위 재빨리 가리기**

🎵 **활동순서**

① 선생님이 도깨비가 된다. 아이들에게 자기소개를 하면서 등장한다.

"나는 도깨비! 사람을 잡아먹지! 그러나 나는 눈만 볼 수 있지!"라고 말한다.

② "눈 어디 있지?", "사람 어디 있지?"를 계속 반복하면서 아이들 쪽으로 총총거리며 천천히 움직인다.

③ 아이들은 그 사이에 신체부위를 가릴 준비를 한다. (눈, 코, 이마, 배꼽, 엉덩이, 발바닥, 입, 무릎, 목, 머리카락)

④ 해당 부위를 가리지 못하면 도깨비에게 잡힌다.

⑤ 신체 부위를 바꿔가며 여러 번 반복한다.

"나는 도깨비! 이번엔 사람 입만 볼 수 있지! 입이 어디에 있나?"라고 말하면서 놀이를 진행한다.

아이들은 교실에 있다. 나는 말없이 복도로 나갔다. 복도창문을 열어 얼굴을 내민

뒤 "나는 도깨비!"라고 외쳤다. 다시 교실로
들어가서 내 소개를 했다.

"나는 도깨비, 나는 사람을 잡아먹는 도깨
비야." 아이들은 피식 웃는다.

"나는 사람을 다 보지는 못해 한 곳만 볼
수 있어." 아이들을 둘러본다.

"나는! 나는! 사람의 눈만 보여." 아이들 쪽
으로 다가가 눈을 들여다본다.

"눈! 눈! 눈!"하면 아이들은 그제야 눈을 가린다.

"어? 분명 여기 눈이 있었는데, 사람이 있었는데."

아이들 한 명 한 명 얼굴을 보면서 지나간다. 아이들은 손으로 얼른 눈을 가렸다
보였다 한다. 도깨비는 포기한 듯 퇴장한다. 그리고 다시 나타난다.

"아, 배고파."

다른 도깨비가 되어서 나타나난다.

"나는야, 두 번째 도깨비! 나는 사람들의 코를 볼 수 있지!"

아이들은 코를 얼른 가린다. 처음에는 손으로 가릴 수 있는 부위를 말하다가 나중
에 머리, 배꼽, 엉덩이, 배를 외친다. 해당 부위를 감추기 위해 교실바닥에 눕거나 자
기의 옷을 끌어올리거나 내리는 경우도 있다. 엉덩이라고 했더니 변태라고 놀린다.
아직도 아이들에게 도깨비역할을 맡기지 않은 이유다. "변태!" 그래서 도깨비는 선생
님이 계속하는 걸 권한다.

연극놀이 여섯, 귀! 신! 발!

어렸을 때 했던 놀이를 변형시켰다. 아직도 할 수 있다. 그만큼 재미있고, 간단하
고, 자주 했었기 때문이다. 귀신발은 술래를 피해 계단을 올라가는 놀이다. 요즘은 계
단은 많지만 안전사고 때문에 엄두가 안 난다. 하지만 포기하기에는 너무 재미있다.
놀이 속에는 토끼, 거북이, 귀신, 도둑이 나온다. 호기심을 가질 요소가 넘친다. 그래
서 계단 대신 교실바닥을 활용하기로 했다.

♬ **놀이초점** : **도망가기, 쫓아가기, 지시어에 맞게 행동하기**

♬ **활동순서**

[준비하기]

① 우선 남녀 두 팀으로 나눈다.

② 남자가 도망갈 때는 여학생 1명이 술래가 되어 잡으러 뛰어가고, 여학생이 도망
  갈 때는 남학생 1명이 술래가 된다.

③ 먼저 도망갈 팀은 모두 출발선에 가서 있다. 술래 빼고 나머지 아이들은 책상
  위에 앉아서 구경한다.

[토끼, 거북이 뛸까? 말까?]

④ 술래는 4가지 지시어를 말할 수 있다.

  - 토끼, 거북이반, 거북이, 토끼반 총 4개다. 그러나 행동은 2가지이다. 뛰거나
    그대로 있거나. 여기에서 '반'은 '반대'라는 뜻이다.

  - 거북이, 토끼반 중 하나를 외치면 뛰면 안 된다. 제자리에 있으면 된다.

  - 토끼, 거북이반 중 하나를 외치면 뛰어야 한다.

⑤ 술래는 지시어를 외친 다음 뛰어야 한다. 외치면서 뛰면 안 된다.

[살아남은 사람은 귀신발하기]

⑥ 술래에게 잡히지 않고 살아남은 아이들은 다음 지시어를 따라야 한다.

- 술래는 도둑발! 깡총발! 귀신발! 중 하나를 지시할 수 있다.

- 도둑발은 출발선까지 소리 없이 걸어야한다.

- 깡총발은 한 발로만 깡충깡충 뛰어서 출발선까지 간다.

- 귀신발은 가장 재미있고 어려운 발이다. 먼저 신발 한 짝을 한 손에 든다. 신발 신은 다른 발로 깡총하고, 귀 한 번 만지고, 그 손으로 신(실내화) 한 번 치고, 실내화 벗은 발바닥을 한 번 친다. 그리고 다시 깡총! 귀 만지고, 신발 만지고, 발바닥 치기를 반복한다.

- 술래는 친구들이 출발선까지 제대로 가고 있는지 감시한다. 제대로 하지 않으면 잡힌다.

⑦ 술래에게 잡힌 사람이 한 명이면 자동 술래지만, 여러 명이 있으면 가위 바위 보로 정한다. 일부러 술래를 하고 싶어서 잡히는 아이들이 있다.

3

가을, 그리고 겨울

가. 우리가 만든 추석

"아……. 이걸로 연극하고 싶다."

이 아이의 말로 즉흥적으로 만들어진 수업이다.

이번 가을도 솔이의 추석 그림책으로 추석을 살펴보고 교과서에 나온 대로 점토로 추석음식을 만들었다. 열심히 한 상 가득 음식을 차렸다. 한 아이가 자기가 만든 것을 한 참 보더니 "이걸로 연극하고 싶다."고 중얼거렸고, 그 말을 내가 들었다. 1학기 동안 몸짓 표현, 즉흥극에 익숙한 아이다. "이거 즉흥극하면 안 돼요?", "연극 만들면 안 돼요?"라는 말을 불쑥불쑥 내뱉어도 어색하지 않다. 만든 추석 음식이 즉흥극 소품이 되었다. 그 소품으로 아이들은 음식과 관련된 다양한 상황을 보여준다. 대부분 등장 인물이 가족들이고 누군가를 대접하거나 축하해주는 따뜻함을 표현했다. 음식은 아이들에게 그런 의미 있는 대상이다. 팔월 한가위, 더도 말고 덜도 말고 한가위만 같아라.

♬ 성취기준

[2슬06-03] 추석에 대해 알아보고 다른 세시 풍속과 비교한다.

[2즐03-02] 가족이나 친척이 함께 한 일을 다양한 방법으로 표현한다.

🎵 **수업초점**

① 먹고 싶은 음식 몸짓으로 표현하기

② 추석 음식과 관련된 즉흥극 만들기

🎵 **수업내용**

	활동	
1	• 추석 때 먹고 싶은 음식 몸짓 표현하기	
2	• 추석 음식 만들기	• 칼라점토, 종이접시
3	• 추석 음식으로 즉흥극 만들기	
4	• 마무리 및 느낌 나누기	

활동1 **추석 때 먹고 싶은 음식 몸짓 표현하기**

송편, 햇과일처럼 추석 음식 발표하는 게 아니라 각자 추석 때 먹고 싶은 음식을 생각하도록 했다. 음식을 먹는 모습이나 특징을 표현하면 다른 친구들이 맞힌다. 아이들 표현이 섬세하길 원한다면 "좀 더 실감나게 해볼래?", "진짜 먹는 것처럼 해볼래?"보다는 "지금 모습에 먹는 소리를 덧붙여 볼래?", "그 음식을 어떻게 만들어지는지도 표현해 볼래?", "그 음식을 담는 그릇이나 사용하는 도구도 표현해 볼래?"처럼 장면이나 소리를 추가시킨다.

아이들은 컵라면, 막대사탕처럼 편의점에서 쉽게 사먹을 수 있는 일상 속 군것질거리를 표현했다.

한 아이가 손에 무언가 받히고 한 손은 입에 갖다 댄다. 끝이다.

"호떡!" – "땡!"

"아이스크림!" – 정답이라며 고개를 끄덕거린다.

아이들의 불만이 터진다.

"그게 왜 아이스크림이야?"

내가 얼른 발표자를 도왔다.

"어떤 아이스크림이에요? 떠먹는 거예요? 콘이에요?"

"떠먹는 거예요." 다른 친구들 눈치를 보며 말한다.

"애들아, 친구는 떠먹는 아이스크림을 표현한 거랍니다."

더 이상 불만은 없고 다음 발표로 얼른 넘어갔다.

그 다음 아이는 손가락 두 개를 펴서 뭔가 먹는다. 아주 짧다.

"라면!" – "땡!"

"칼국수!" – "땡!"

"컵라면!" – "컵라면? 음, 비슷해."

"짜장면!" – "딩동댕!"

컵라면과 짜장면이 왜 비슷한 건지 모르겠지만. 일단은 문제를 낸 아이가 정답이라고 하니까 인정. 그 뒤 스테이크, 돈가스, 탕수육, 과자 등이 나왔다.

"너희는 추석 때 이런 걸 먹고 싶구나. 추석은 설날처럼 아주 특별한 명절이란다. 이 때 송편, 나물, 전, 햇과일을 먹는단다. 이것은 다른 날에도 먹을 수 있지만 이 때 먹으면 더 맛있단다."

교육연극 Tip

표현하고 맞히는 구조에서 발표자의 몸짓이 애매할 때 보던 아이들이 투덜거리기도 한다. 자기 답이 틀려서 떼를 쓰는 게 아니라 왜 그게 정답인지 이해를 요구하는 것이다. 교사가 교실 앞에서 혼자 서 있는 아이를 도와줘야 한다. 위 아이를 예로 "네가 표현한 게 정말 아이스크림이 맞아?"하고 진위 여부를 확인하지 않는다.

표현하려는 대상과 의도와 몸짓이 일치하면 좋은 발표가 되겠지만 그렇지 못한 아이는 정답이라고 외치는 것들 중에서 자기가 좋아하는 것, 또는 평소 호감이 있던 친구의 말을 정답이라고 할 때도 있다. 굳이 잘 좀 해보라고 말하지 않아도 다른 친구들의 발표를 자주 보다보면 나아진다.

활동2 추석 음식 만들기

색 찰흙(클레이, 천사점토)으로 추석 때 먹을 수 있거나 먹고 싶은 음식을 만든다. 각자 만든 음식 모형을 종이접시에 잘 담는다. 모둠별로 음식을 모아 추석맞이 상차리기를 한다.

짜장면, 아이스크림, 살치살, 돈가스, 탕수육을 먹고 싶다고 발표해 놓고 정작 만들어 놓은 건 과일, 송편, 산적, 케이크가 많았다.

갑자기 한 아이가 말한다.

"아……. 이걸로 연극하고 싶다."

"정말? 선생님은 이걸로 한번도 연극을 해 본적이 없는데?"

"진짜 하고 싶어요."

그래서 했다. 아이들 바람대로 즉흥극을 만들어보라고 했다. 예전에 하던 대로 작품 전시와 감상으로 마무리하려 했는데 즉흥극 1시간이 더 추가됐다.

활동3 추석 음식으로 즉흥극 만들기

즉흥극 초점은 명확하게 알려줬다.

"너희가 만든 음식이 등장해야하고 음식과 관련된 사건이 나와야한다."

8살 아이들의 경험이 어떻게 반영될까? 1학년과 가을 수업을 할 때마다 추석음식을 만들었지만 이걸로 연극을 할 생각도, 연극을 하고 싶다는 요구를 받은 것도 처음이었다. 발표할 내용을 10분 동안 열심히 의논하더니 책상도 세팅하고 의자도 끌고 나온다. 가장 중요한 음식도 발표 내용에 맞게 종이 접시에서 따로 꺼내어 옮겨 담는다. 그리고 발표했다.

1모둠은 식당에서 주문하고 음식 먹는 장면, 2모둠은 가족들이 나간 사이에 도둑고양이가 식탁에서 몰래 음식을 훔쳐 먹는 장면, 3모둠은 생일파티를 위해 음식을 차리고 가족과 반려동물도 함께 축하하는 장면, 4모둠은 딸을 위해 가족이 생일상 차리는 장면, 5모둠은 집 주인들이 식사를 하다가 자리를 비운 사이에 배고픈 사람이 와서 몰래 음식을 훔쳐 먹었다. 결국 주인에게 쫓기다 잡혔지만 더 많은 음식으로 대접받는 상황을 만들었다.

1학기 동안 많이 컸다 싶다. 즉흥극 할 때 초점에서 벗어나지 않으려고 노력했고 특별히 누가 주인공을 하겠다는 다툼도 없었다. 투박하고 세련미는 덜해도 자기들끼리 만들려고 하는 자세가 기특했다. 태도가 돋보였다. 발표할 기회를 선생님에게 적극적으로 요구하는 모습이 참 예뻤다.

나. 나무도둑과 종이비행기

[나무 도둑(올리버 제퍼스, 주니어 김영사, 2011, Text and illus-
tration copyright ⓒOliver Jeffers)] 은 읽자마자 꼭 수업을 해
보고 싶은 책이었다. 재미있는 책이 수업으로 이끌었다.
이야기 속의 사건, 인물 구성, 반전과 알리바이, 탐정 놀
이, 도둑 찾기, 용서하기, 종이비행기 등은 아이들이 좋
아하는 것들이다. 범인을 찾기 위해 단서를 모으고 추리
하는 아이들, 곰이 되어 비행기를 날려보는 아이들의 모
습을 상상만 해도 즐겁다. 수업설계, 준비, 진행, 마무리
까지 하나도 힘들지 않았다. 아이도, 나도 모두 충분히 즐거웠다.

♬ 성취기준

[2국01-02] 일이 일어난 순서를 고려하며 듣고 말한다.

[2국05-02] 인물의 모습, 행동, 마음을 상상하며 그림책, 시나 노래, 이야기를 감상한다.

[2국03-02] 자신의 생각을 문장으로 표현한다.

[2즐01-01] 친구와 친해질 수 있는 놀이를 한다.

♬ 수업초점

① 나무도둑 이야기극화 체험

② 종이비행기 접어서 날리기

♬ 수업준비

① 수업 전에 칠판 한 가운데 나무를 하나 그려 놓는다.

② 책상을 조금 뒤로 밀어두고 다 같이 모여 앉을 공간을 마련해둔다.

③ 교실 앞은 아이들이 자리다툼 없이 앉을 수 있게 원마커로 표시한다.

④ 준비물

 - 자석보드, 보드마카(이야기 속 숲을 꾸밀 나무 그리기)

- 라벨지(아이들이 맡을 동물 이름 쓰고 붙이기)

- 도둑을 찾을 단서(발바닥, 종이비행기 대회 포스터, 구겨진 종이비행기, 떨어진 나뭇잎)

- 색 A4종이(종이비행기 대회 참가용 1인 1매)

♬ 수업주의사항

① 코로나19! 거리두기, 신체 접촉이 없도록 개인 몸짓 표현에 집중

② 마스크 때문에 목소리가 들리지 않기 때문에 되도록 마임으로 표현

③ 연극적 약속하기

- 선생님의 해설을 잘 듣고 움직이기

- "우린 누구든지 될 수 있고 어디든 갈 수 있다."는 믿음 갖기

♬ 수업내용

		활동			
	1	• 이야기 속 배경, 역할 준비		• 보드마카, 보드판, 라벨지	
2	이야기 극화	• 첫 번째 사건, 나무가 사라졌어!			
3		• 알리바이를 몸으로 표현해봐.			
4		• 범인의 단서를 찾았다!		• 단서	
5		• 도둑 곰을 잡아왔어요.			
6		• 곰아, 용서해줄게			
7		• 종이비행기 대회		• 종이비행기	
8		• 소감나누기			

누가	어떤	역할	소품
아이들	숲 속에 사는	동물	라벨지 이름
교사	숲 속 동물들과 친구인	사람	–
	종이비행기 대회에서 1등 하고 싶은	곰	털모자

이야기극화 수업 전

활동1 이야기 배경, 역할 준비하기(숲에 사는 동물)

① 자석보드 판에 나무 그려서 붙이기 (1인 1개)

아이들은 어떤 나무를 그릴지, 어떻게 그릴지 고민한다. 잘못하면 그리기 시간이

될 것 같아 대충이라도 빨리 그린 아이 것을 칠판에 붙였다.

"잘 그리지 않아도 돼요. 우리가 수업할 숲만 만들어지면 됩니다."

칠판에 붙은 나무 그림 상태를 보더니 속도가 빨라졌다.

② 자기 역할 준비하기

"우리는 여러분이 만든 이 숲에 살고 있는
동물이 될 거예요. 자기가 되고 싶은 동물 이
름을 라벨지에 써서 가슴에 붙여보세요."

같은 이름도 괜찮다. 이야기 속 주인공과 같
은 종인 곰이 나와도 괜찮다. 역할 내 교사로

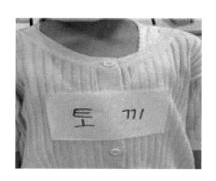

표현할 곰은 특별한 사연이 있기 때문에 충분히 차별화가 된다. 토끼 5명, 강아지 3
명, 고양이 2명, 다람쥐 3명, 장수풍뎅이 2명, 여우, 고릴라, 소, 개구리도 나왔다. 친
한 아이끼리 같은 동물을 정한 경우도 있다. 이름이 외자인 아이는 그냥 '소'라고 쓰
지 않고 자기 성씨를 붙여 최(소)라고 했다.

③ 이야기 속으로 들어 갈 준비

교실 불을 껐다. 나직하게 말했다.

"이름을 붙인 사람은 자기 자리로 돌아가서 잠을 잡니다."

갑자기 잠을 자란 말에 아이들은 머뭇거린다. 처음이니까. 한 번 더 말했다.

"잠을 잡니다. 동물들은 곤히 잡답니다."

아이들이 고개를 들고 있는지 엎드려 있는지 확인하며 칠판에 붙여놓은 나무를 치
운다.

나무를 그린 보드 판을 떼면서 이야기 속 첫 번째 사건을 진행한다.

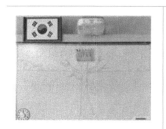  

칠판의 나무를 다 떼고, 아이들을
깨우며 큰 일났다고 호들갑을 떤다.
이 때 나는 역할 내 교사로 동물들
이 친구 중 하나인 사람 아이로 등
장한다.

"얘들아! 얘들아! 큰 일났어! 얼
른 일어나봐!"

몇 명은 일어났지만 아직도 엎드린 아이도 있다.

"지금 자고 있을 때가 아니야. 고개 들어봐! 나무가 없어. 누가 나무를 잘라가 버렸어."

갑작스러운 사건 시작에 아이들은 재미있어한다. 그러면서도 확인한다. 자기들이
그려서 붙인 나무가 싹 사라졌다는 걸.

"얼른 나와 봐. 우리가 자고 있을 때 숲에서 무슨 일이 일어났는지 이야기 좀 해 보자."

아이들을 자리에서 일으켜 세워 원마커에 앉도록 했다. 미리 좌석을 표시해둬서
앉을 때 소란함은 없었다. 코로나19 상황에 거리두기 때문에 앉을 곳을 지정했는데
다음에도 종종 좌석을 표시해야겠다.

나무가 사라졌을 때 각자 무엇을 하고 있었는지 말이나 몸짓(마임)으로 표현하도
록 했다. 다들 동물이기 때문에 먹이를 먹거나 사냥을 갔을 수 있다. 사람의 생활(텔
레비전 시청, 잠, 게임, 독서 등)로 의인화할 수 있다.

아이들 한 명 한 명 지목하며

"네가 그랬니?", "설마 우리 중에 나무를 벤 사람이 있는 거야?"

한 아이가 자기가 나무를 잘랐단다. 범인은 따로 있는데 큰일이다.

"아니야. 몇 시에 잘랐는데? 숲 속 CCTV를 확인했는데 넌 그 때 집에 있었어."

또 다른 아이도 자기가 나무를 잘랐단다. 나무를 잘라간 범인을 찾아야 하는데 자
기들이 범인이라니, 일부러 정색을 하며 말했다.

"야! 너희 지금 웃을 때가 아니야. 숲은 우리들 집이면서 마을 자랑거리인데 나무가 다 사라지고, 숲이 이렇게 망가지면 안 되잖아. 나무를 잘라낸 범인이 여기 우리 중에 있다면 마을 사람들이 실망하지 않을까? 우리를 다른 숲이나 동물원으로 보내면 어떡해? 얼른 우리가 한 게 아니라고 밝히자!"

겁박하듯 강하게 말했더니 금세 활동에 집중한다.

"서로 의심을 풀려면 지난밤에 무엇을 하고 있었는지 알리바이를 말해봐!"

알리바이가 뭐냐고 물어본다.

"응, 알리바이는 네가 범인이 아니라는 증거, 즉 나무가 사라질 때 내가 그 때 다른데 있었다는 증거를 말하는 거야."

이제야 이해한다.

"그날 저녁에 뭘 하고 있었는지 이야기 해봐. 우린 다른 동물이니까 말이 통하지 않을 수 있으니 몸으로도 표현해도 된단다."

진지하게 한 명씩 의자에 앉아서 말하면서 몸짓으로 표현했다.

다람쥐는 도토리를 먹고 있었다고 한다. 어떻게 먹었는지 흉내 내보도록 했다. 토끼도 저녁밥을 먹었단다. 같이 먹은 토끼가 있냐고 했더니 있단다. 다른 토끼들도 얼떨결에 앞으로 나와서 밥 먹는 모습을 표현한다. 어떤 동물은 게임을 하고 있었다고 했다. 또 두 명이나 나무를 뽑으러 갔다고 한다. 어떻게 생긴 나무였냐고 물어보고, 사라진 나무는 그 나무가 아니라고 했다.

"어, 이 중에 아무도 범인이 없는 거네. 마을로 가서 지금 상황을 이야기 해주고 올게. 오늘 늦었으니까 다 집으로 돌아가서 자자."

아이들을 책상 자리로 돌려보내고 그 다음 활동을 준비했다. 교실 불을 다시 끄고 잠을 자도록 했다. 두 번째 자는 잠이라고 책상 바닥에 엎어져서 자는 애들이 있다. 그냥 뒀다. 내가 뭘 하는지 보지만 않으면 된다.

① 두 번째 사건, 큰 나무가 사라졌어!

칠판에 처음 그려 놓은 나무를 밑동만 남기고 지웠다. 단서(곰발바닥, 종이비행기, 종이접기 대회 안내장, 나뭇잎)를 교실 주변에 떨어뜨렸다.

또 사람친구로 다급하게 등장해서 아이들을 깨웠다.

"얘들아! 큰일 났어! 지금 자고 있을 때가 아니야. 이번에는 가장 큰 나무가 사라졌어. 빨리 나와 봐."

아이들은 처음 앉았던 자리를 고집하지 않고 나온 순서대로 앉는다.

"우리 직접 범인을 찾아보자. 숲 주변을 돌면서 흔적, 힌트 이런 거를 찾아보자!"

아이들은 교실 주변을 돌면서 단서를 주워온다. 단서 중 하나로 종이비행기 대회 포스터를 집은 아이들은 조심스럽게 접어서 친구들과 돌려 본다. 하나씩만 집으라고 했지만 워낙 넉넉히 뿌려 놓아서 서너 개씩 들고 다닌다. 발바닥 단서도 흥미로웠나 보다. "여우 같다. 곰 같다. 늑대 같다."면서 추측을 한다.

② 범인은 곰?

"우리 다같이 모은 단서로 범인을 찾아보자."

동물 발바닥 도안을 칠판에 붙였다.

"이 그림은 숲 속에 있는 동물들 발바닥들이야."

어떤 아이는 강아지나 다람쥐 발바닥은 왜 없냐며 자기 발바닥을 찾았다.

발바닥 모양을 들고 있던 아이들은 바로 소리친다.

"저거다! 곰이다!"

"이거 곰이다!"

곰발바닥이 찍힌 종이비행기를 보여주면서 범인을 단정했다. 우리들은 확신했다.

"범인은 곰일 수 있겠네."

단서를 가지고 곰이 왜 그랬을지 이야기했다.

"나무를 끌고 가면서 나뭇잎이 떨어졌나봐."

"종이가 필요해서 나무를 가져갔나 봐."

"종이비행기를 만드는데 종이가 떨어졌나봐."

③ 경찰서에 신고하기

정말 곰인 것 같으니까 경찰서에 신고하자고 했다. 나는 떨려서 전화를 못하겠다고 하자, 아이들이 나섰다. 한 명씩 의자에 앉아서 112로 신고전화를 하는데 전화버튼 누르는 방법이 참 다양했다.

"여보세요? 거기 경찰서죠?"

장난전화라고 끊는 아이, 얼른 오지 않으면 대신 잡겠다는 아이, 왜 곰을 잡아가지 않느냐며 소리 지르는 아이, 곰이 나무를 베었다고 잡아달라고 공손하게 말하는 아이가 있다.

"얘들아, 내가 마을로 가서 어른들에게 말하고 다시 올라 올게. 너희는 얼른 집에 가있어. 경찰서에 가서 곰이 잡히면 여기로 데려올게. 이유를 들어보자. 우리도 곰 때문에 피해를 봤으니까 물어볼게 많잖아."

활동5 도둑 곰을 잡아왔어요.

"선생님이 모자를 쓰면 나무를 베어 간 곰이 될 거예요. 곰이 들어오면 궁금한 것을 물어보세요."

내가 모자를 쓰자마자 애들이 "수류탄을 던져라.", "잡아라!"하면서 3명이 뛰어나왔다. 얼른 모자를 벗었다.

"지금 곰이 용서를 빌러 왔는데 이렇게 무섭게 대하면 안 될 것 같아. 우선 이야기를 들어보자."

역할 내 교사로 털모자를 쓰고 곰이 되어 들어왔다. 두 손을 싹싹 빌면서 미안하다고 했다. 고개를 숙이며 의자에 앉았다.

"왜 그랬어?"

"종이가 필요해서 나무를 벤 거야. 잘못했어. 엉엉."

"왜 종이비행기를 만드는데?"

"우리 아빠도 종이비행기 대회 1등이고, 우리 할아버지도 1등이야. 나도 할아버지랑 아빠처럼 1등을 하고 싶어. 난 1등을 하고 싶은데 잘 안 되는 거야. 종이가 없어. 나무가 필요했어."

"그럼 다른 숲에 있는 걸 하지. 왜 우리 나무를 베었어?"

"내일 모레가 대회인데 너무 급했거든. 그래서 가장 가까운 나무를 베었어."

"비행기를 타고 다른 곳에 가서 베거나 사오면 되잖아!"

"종이비행기 만드는데 돈을 다 써서 비행기를 탈 돈도 없어. 미안해."

이야기극화에서 나오기

활동6 곰아, 용서해줄게

털모자를 벗고 곰에서 선생님으로 돌아왔다.

"이렇게 숲 속 동물들은 곰의 사정을 알게 되었어요. 동물들은 곰을 어떻게 했을까요? 용서했을까요? 벌을 줬을까요? 여러분은 어떻게 하고 싶어요?"

"돈을 모아서 마트에서 색종이를 사라고 도와줘요."

"나무를 심게 해요."

"씨앗으로 나무를 심게 해요."

"우리가 나무를 많이 심어서 곰에게 팔아요."

"나무를 키워서 곰에게 나눠줘요."

모든 아이가 용서를 해주진 않았다. 손들어서 결정하자고 했더니 2명만 벌을 주자고 했고 나머지는 용서해주자고 했다.

실제 이야기 결말도 씨앗을 뿌려 나무를 키우도록 했다.

활동7 종이비행기 대회

이야기 결말을 알려주고 그림책을 보여줬다. 자기들이 극화 체험한 것과 비슷하게 진행되는 흐름에 흥미로워했다.

"다시 곰은 내일 모레 있을 대회를 위해서 열심히 또 연습하고 있겠지? 우리 곰에게 종이비행기로 응원의 글을 남겨서 보내볼까? 곰이 하는 것처럼 우리도 만들어 보자."

잘해봐.
힘내, 잘 할 수 있어.
내가 1만원 줄게 종이 사.

① 아이들과 종이비행기 접기
② 곰에게 힘내라고 종이비행기에 응원 말이나 글쓰기
③ 종이비행기 날려보기
아이들도 직접 종이비행기를 날렸다. 2인 대결, 팀 대결, 남녀대결. 너무 좋아한다.

활동8 소감나누기

모든 활동을 마치고 질문과 소감을 나눴다.
"열심히 해도 실력이 늘지 않은 적이 있었니?"
"1등 하고 싶은 게 있니?"

"1등이 중요할까?"

"곰은 그 뒤 어떻게 되었을까?"

"1등을 못했다면? 곰에게 뭐라고 말하고 싶니?"

많은 이야기와 소감을 듣고 수업을 준비한 선생님에게도 박수를 쳐달라고 했다. 엎드려 절 받기인데 막상 박수 소리를 들으니 너무 설렜다. 내가 느낀 만큼 나도 아이들에게도 박수를 쳐줬다.

- 다음에도 그림책으로 이런 거 할 거냐고 물어본다.
- 어떤 아이는 단서로 주운 걸 가져가도 되냐고 물어본다.
- 단서로 주운 나뭇잎과 발자국을 붙여서 꾸민다. 가져간단다.
- 아이들은 비행기를 더 접고 싶다며 종이를 가져간다.
- 앞에 붙인 이름을 집까지 달고 가는 여우, 고릴라도 있었다.

- 선생님이 곰으로 나타나서 웃겨요.
- 아쉬웠다. 더하고 싶었다.
- 종이비행기를 오랜만에 날려서 재밌다.
- 눈뜨지 말고 자라고 할 때랑 단서 찾는 게 재밌다.
- 고릴라 역할이 재밌다.
- 나무 도둑 연극하는 게 재밌다.
- 단서 찾기, 몸으로 표현하기 전부 다 재밌다.
- 종이비행기가 좋았다.
- 밤이어서 나는 자고 있는데 선생님이 지나가는 소리를 들었다.

한 아이가 "나나나나나나더더더더더나나난나나나."라고 말한다.

"왜 그러니?"라고 물었더니

"선생님이 길게 말해보라고 해서 길게 말했어요."라고 답한다.

오늘은 모든 게 용서가 된다.

수업이 끝나고 급식 먹고 잠깐 쉬는 시간에 고릴라가 큐브로 만든 총이랑 종이로 만든 칼로 내게 다가오더니 "두두두! 창창창!"을 외쳤다. 왜 그러냐니까 아까 나무 도둑 곰을 잡으러 왔단다. 난 죽었다.

몇 가지 후속 활동을 제안한다.

나무 도둑 이야기극화는 1학기에 '나무'와 연결해도 괜찮다. 또 종이비행기라는 아이들의 흥미를 고려한다면 2학기 통일염원을 담은 비행기 날리기와 연결해서 수업을 해도 좋다. 나무는 사계절 내내 우리 곁에 다양한 형태로 있기 때문에 언제나 할 수 있다.

그림책 곰처럼 교실 벽에도 숲을 만들기로 했다. 도화지에 나무를 그려서 붙일 수도 있고, 나무 꾸미기 북아트 자료를 활용할 수도 있다. 사진 자료는 [나의 동물원이야기(폴존슨, 아이북, 2003)]이다. 또 그림책 텍스트를 바탕으로 초성 단어 맞히기, 받침 채우기, 문장완성 게임을 했다.

다. 한글날, 세종대왕 만나기

우리나라 음식, 웹툰, 드라마, 영화, K-POP의 한류 인기와 더불어 많은 외국인들이 한국어를 배우고 있다. 한국의 문화를 더 잘 이해하고 제대로 느끼기 위해 한국어를 열심히 공부한다. 우리 1학년 아이들도 열심히 한글교육을 받고 있다. 연필잡기부터 자기 생각을 문장으로 표현할 수 있을 때까지 많은 시간을 보낸다. 지금 막 한글을 배우는 외국인보다 여덟 살 우리 아이들이 한글을 더 잘 쓸까? 우리 문자, 우리글이 자랑스러울까? 아이들의 마음을 알아보고 싶다. 10월 9일 한글날, 세종대왕이 된 역할 내 교사가 아이들을 찾아갔다.

🎵 **성취기준**

[2슬07-01] 우리나라의 상징을 여러 가지 방법으로 표현한다.

[2국03-02] 자신의 생각을 문장으로 표현한다.

🎵 **수업초점 : 세종대왕의 고민 듣고, 한글 선물 드리기기**

🎵 **수업내용**

	활동
1	• 세종대왕 고민듣기
2	• 세종대왕의 고민 투표하기
3	• 세종대왕님께 한글 선물 만들기　• 종이, 색연필, 사인펜
4	• 선물 드리고 느낌 나누기

활동1 **세종대왕 고민듣기**

"하나, 둘, 셋!하면 선생님은 왕이 될 거란다."

왕처럼 차분하게 천천히 걸었다. 뒷짐을 쥐고 말없이 아이들 사이를 왔다 갔다 한다. 아이들 공책을 뒤적거리며 한 숨도 내뱉었다.

"내가 눈병까지 나면서 한글을 만들어 주었는데, 지금 너희를 보니 내 마음이 아프구나?"

아이들은 바로 세종대왕이라고 눈치 챘다.

"외국 사람도 요즘 한글을 많이 배우고 있다는데, 너희들은 한글을 바르게 사용하지 않는 것 같아 섭섭하고 또 안타깝구나."

"나는 우리 백성이 내가 만든 한글을 더 잘 썼으면 좋겠다."

활동2 **세종대왕 고민 투표하기**

"셋, 둘, 하나!" 역할 내 교사에서 나왔다. 세종대왕이 어떤 고민이 있는지, 왜 그런 고민이 생겼는지 함께 이야기를 나눴다.

－ 우리가 나쁜 말해서 그래요.

- 글씨를 못 써서요.

- 형이랑 욕하면서 싸워서 그래요.

- 친구에게 짜증내고 "꺼져!"라고 했어요.

"우리 고민 투표해 볼까요? 세종대왕님의 말씀이 고민이면 ○판, 고민이 아니면 ×판을 한 번 들어봅시다."

고민이다가 18표, 고민이 아니다가 2표. 결과는 고민이다.

활동3 세종대왕님께 한글 선물 만들기

"세종대왕님을 위해 무엇을 할 수 있을까요? 무엇으로 위로해 드릴까요?"

아이들은 보석, 다이아몬드, 1억, 루비, 큰 집, 감사한 마음, 예쁜 글씨를 주자고 했다. 세종대왕님은 큰 집과 보석은 필요 없을 것 같으니 한글을 선물로 드리기로 했다. 요즘 새로 나온 한글(단어), 예쁘게 쓴 글, 고마운 마음이 담긴 글자, 다짐을 선물하기로 했다. 이번 활동에는 질문이나 투덜거림이 없었다. 맞춤법이나 띄어쓰기가 맞는지 물어보는 아이들이 참 많았다. 선물 하나하나에 정성이 보인다.

활동4 선물 드리고 느낌 나누기

선물을 칠판에 게시하고 가장 훌륭한 선물을 스티커로 붙여서 뽑기로 했다.

"제가 가장 잘한 것 같아요."

"내가 잘한 줄 알았는데, 다른 애들이 더 잘해서 안 뽑힐 것 같아요."

이 날 수업에서는 결과를 보지 못하고 다들 하교했다. 돌봄교실 아이들은 중간 중간 교실에 와서 스티커가 붙었는지 확인하고 갔다.

동학년 선생님들도 오셔서 스티커를 붙이고, 지나가던 5학년 애들도 수업설명을 듣고 스티커를 붙였다. 나 역시 작품마다 개수 차이가 많이 나지 않도록 고루 붙였다. 다음 날 아이들은 오자마자 스티커 개수를 센다. 아이들도 친구의 작품에 스티커를 붙이고 마무리 했다. 세종대왕이 되어 다시 나타난 나는 칠판에 붙인 모든 선물이 마음에 든다고 한 장 한 장 칭찬을 해줬다.

수업이 끝난 뒤 몇 아이는 자기가 만든 선물을 가져가고 싶어 했다.

세종대왕님께 안 드릴 거냐는 말에 그냥 웃는다. 집에 가서 자랑하고 싶다고 해서 사진을 찍고 돌려줬다.

라. 눈이 오면 만나요.

눈사람이 주인공으로 나온 책들은 참 많지만 우즈베키스탄 옛이야기 [나르와 눈사람(캅사르 투르디예바, 그림 정진호, 비룡소, 2017)]에는 겨울 풍경, 눈사람, 배려와 선행 같은 겨울 교과 내용이 곳곳에 담겨있다.

"얘들아, 울지 마, 내가 도와줄게"

"넌 눈사람이지만 마음은 정말 따뜻해!"

추운 겨울이지만 마음과 행동이 따뜻한 눈사람, 나르, 동물들의 이야기를 수업에서 직접 만나보자.

♫ 성취기준

[2바08-01] 상대방을 배려하며 서로 돕고 나누는 생활을 한다.

[2즐08-01] 겨울의 모습과 느낌을 창의적으로 표현한다.

♫ 수업초점

① 인물의 모습과 행동을 상상하며 이야기 듣기

② 나만의 눈사람을 만들어 겨울 산 꾸미기

	활동	
1	• 겨울 꾸미기	• 종이, 가위, 장구자석, 스티로폼 공2개, 이쑤시개
2	• 질문으로 그림책 읽기	• 그림책
3	• 눈사람이 하는 일 몸짓으로 표현하기	
4	• 눈사람 친구 만들기	• 눈사람 만들 준비물
5	• 마무리 및 느낌 나누기	

활동1 겨울 꾸미기

① 눈 결정 만들기

"얘들아, 이야기를 듣기 전에 이야기 속 배경이 되는 겨울을 칠판에 만들어 보자."

하얀색 종이와 은색종이로 눈 결정을 만들었다. 칠판에는 이야기의 배경이 되는 높은 겨울산과 마을을 선으로 표시했다. 그 위에 아이들이 만든 눈 결정체를 장구자석(체스자석)으로 붙였다.

② 주인공 눈사람 만나기

스티로폼 공 두 개를 붙여 만든 눈사람을 보여줬다.

"그림책에서 만날 주인공 눈사람입니다. 이 눈사람은 어떤 성격일까요? 이 눈사람은 무엇을 좋아할까요? 궁금한 점 있으면 물어보세요."

나는 의자에 앉아 눈사람을 무릎에 올려놓고 아이들 질문에 대신 대답했다.

그리고 내 주변으로 불러 앉혀 놓고 그림책을 보여주었다.

활동2 질문으로 그림책 읽기

① 눈사람이 베푼 선행

그림책 한 장 한 장씩 넘기며 이야기와 질문을 주고받았다.

"나르 집에 있는 동물들은 무엇을 먹을까요?"

"자고 있는 나르를 어떻게 깨울 수 있을까요?"

"눈사람이 배고픈 동물들을 위해 어떤 일들을 했나요?"

"동물을 도와주다가 녹아버린 눈사람을 어떻게 도와줄 수 있을까요?"

② 녹아버린 눈사람 살리기

책에서는 동물들이 눈사람을 다시 만들었다.

"눈사람을 어떻게 하면 녹지 않게 할까요?"

"냉장고에 넣어요."

"북극에 보내요."

"산꼭대기에 보내요."

"책에도 1년 내 내 눈이 녹지 않는 아주 높은 산이 있다고 합니다."

우리도 얼른 눈사람을 옮기자고 한다. 아이들과 나는 스티로폼 눈사람을 교실에서 가장 높은 칠판 중앙 위에 올려놓았다.

활동3 혼자 있는 눈사람이 하는 일 몸짓으로 표현하기

"눈사람은 혼자 있으면 무슨 생각을 할까? 무슨 일을 할까?"

눈사람이 겨울 산에서 하고 있는 행동을 몸짓으로 발표한다.

- 심심해서 망원경으로 마을을 내려다본다.
- 스키나 썰매를 타고 놀고 있을 거다.
- 고드름을 만들어 먹는다.
- 친구들에게 편지를 쓴다.
- 눈사람이 눈사람을 만든다.

활동4 눈사람의 친구 만들기

"눈사람이 심심하지 말라고 다른 친구도 만들어 줄까요?"

스티로폼 공과 천사점토로 다른 눈사람을 만들었다. 만든 눈사람을 산 위에 있는 눈사람 옆에 두었다. 자리가 부족해서 다 놓지는 못했지만 아이들은 별말 없었다.

"겨울이 되면 눈사람이 마을로 내려올 수 있답니다. 다시 만난 동물들과 눈사람은 어떤 말을 할까요? 어떤 일을 할까요?"

"눈사람처럼 남을 도와준 경우가 있나요?"

"도움을 받아 본 적이 있나요?"

그림책 이야기보다 도움을 주고받았던 아이들 개인 경험에 초점에 맞춰 수업을 마무리 한다.

4

학부모 공개수업

가. 연극놀이로 만나는 엄마아빠

"아이들이 발표를 많이 할 수 있도록 참여형, 활동형, 학생중심으로 수업을 구성하세요." 학부모 공개 수업 때 요구되는 사항이다. 교육연극은 여기에 적합한 방법 중 하나다. 그러나 부모님이 참석하지 않은 아이들에 어떤 역할을 입힐지, 어떤 문제 상황을 제시할지 고민도 해야 한다. 학부모 공개수업에 부모 참여가 필수는 아니다. 수업 속 가상 상황을 아이들과 함께 체험할 기회가 주어진다면 내 아이가 지내는 교실 분위기와 친구들이 어떤지 겪어볼 수 있다.

놀이 하나, 감각으로 가족 찾기

촉감, 청각, 후각 중 1학년은 촉감으로 찾는 게 여러모로 불편하지 않다. 두 팀(분단별, 성별)으로 나눠서 진행한다.

① 손으로 기억한다. 처음에는 눈을 뜨고 서로 손을 만지며 기억한다. 그 다음에는 잠시 눈을 감고 손의 느낌을 기억한다.
② 부모님이 칠판 앞에 한 줄로 나란히 서서 손 하나를 뻗는다. 아이들은 나와서 눈을 감고 손을 만지면서 부모님을 찾는다.
③ 손 감촉으로 부모님을 찾은 아이는 계속 눈을 감은 상태에서 부모님 허리를 안

거나 뒤로 서 있으면 된다. 그러면 다른 친구가 이동해도 부딪히거나 끼이지 않는다. 다른 아이들이 다 마무리 할 때까지 손은 계속 내밀어준다.

④ 부모님들은 눈을 감은 아이가 안전하게 이동할 수 있도록 손으로 막아주기도 하고 잡아주기도 한다.

⑤ 모든 아이가 손으로 부모님을 찾았으면 눈을 뜨고 확인해본다.

⑥ 그 다음은 부모님이 참석하지 않은 아이들을 위한 배려활동이다. 부모님이 참석하지 않은 아이들끼리 짝을 지어 짝을 찾게 한다.

⑦ 부모님들 사이에 짝꿍을 세우고 같은 방식으로 손을 만지면서 찾는다.

⑧ 아이, 학부모 모두에게 느낀 점을 묻고 마무리 한다.

놀이 둘, 가족 얼굴 찾기

① 교실에 있는 모든 사람들(부모님 포함)에게 종이를 나눠준다.

② 5분 정도 짧은 시간을 주고 자기 얼굴을 그리게 한다. 그림 그릴 때 밝은 동요나 음악을 들려주면 어색함이 덜하다.

③ 부모님이 참석하지 않은 친구들을 위해 선생님 얼굴 그림을 여러 장 준비한다. (웃는 얼굴, 무표정 얼굴, 귀걸이 한 그림 등)

④ 그림 뒤에는 그린 사람 이름을 쓴다. 부모님들은 힌트가 될 수 있게 [누구의 엄마 김 아무개]로 써둔다. 한꺼번에 걷는다.

⑤ 아이들이 그린 것과 부모님이 그린 것을 칠판에 구분해서 붙인다.

⑥ 가족 얼굴 찾기

  - 부모님은 아이 얼굴을 찾고, 아이는 부모님 얼굴을 찾는다.

  - 선생님은 부모님이 참석하지 않은 아이들 그림을 대신 다 찾는다.

  - 부모님이 참석하지 않은 아이들은 선생님 얼굴을 한 장씩 찾으면 된다.

⑦ 서로 느낀 점을 나누며 마무리를 한다.

⑧ 추가 선택활동

한 시간 수업으로는 빨리 끝날 수 있다. 기념으로 그림을 집으로 보낼 수 있지만 교실 뒤 환경 게시판에 단체사진처럼 꾸밀 수 있다.

- 단체사진처럼 붙인 뒤 [우리 반 가족 얼굴, 우리 반 모두 얼굴, 행복한 우리 반 가족] 같은 제목을 만들어서 붙일 수 있다.
- 게시판 주변도 꾸밀 수도 있다. 아이들은 자기가 좋아하는 것을 종이에 그리거나 오리거나 접어본다. 아이들이 가져다 드리면 부모님은 게시판에 붙이는 걸 도와준다.
- 당일 수업에 참석하지 않은 부모님들은 집에서 얼굴을 그려서 학교로 보내주면, 이리저리 붙어있는 선생님 얼굴과 교체한다.

놀이 셋, 내게 있는 걸 드릴게요.

책상은 뒤로 밀어놓고 의자는 모두 꺼내어 원형으로 만들어 놓고 수업하는 것을 추천한다. 교실에 있는 모든 사람들에게 아이스크림 막대와 네임펜 하나씩 나눠 준다.

① 그 동안 함께 생활하면서 발견했던 서로의 칭찬할 점을 발표한다. 자기 칭찬도 좋고, 부모님이나 아이, 친구 칭찬도 좋다.

② 자기가 잘하는 것이나 좋은 점을 생각한다.

③ 생각한 것을 아이스크림 막대에 쓴다. 한 사람이 한 개씩만 쓴다.(용기, 웃음, 잘 먹어요. 줄넘기, 노래, 요리, 사랑 등)

④ 아이스크림 막대를 가지고 큰 원으로 둘러앉는다. 부모님은 의자에 앉고 아이들은 그 안으로 들어와서 바닥에 앉는다.

⑤ 도미노 발표처럼 자기의 장점을 한 사람씩 말한다.

⑥ 다 들었으면 다른 사람들이 말한 것 중 자기가 갖고 싶은 것을 말한다.

"○○가 발표한 용기를 가지고 싶습니다."라고 말하면 용기를 가진 사람이 직접 갖다 준다. 선택되지 않아 아직도 갖고 있는 사람들은 주고 싶은 사람에게 직접 가서 전달한다. 선생님에게 주는 아이도 있었다.

⑦ 받거나 줄 때는 서로 고마움의 표현을 한다.

⑧ 서로 느낌을 나누고 마무리 한다.

나. 이야기극화로 만나는 아빠엄마

학부모 공개수업으로 그림책 이야기극화 수업을 자주 한다. 이유는 간단하다. 반응이 좋다. 그림책은 교실에 있는 어른과 아이 모두를 끌어당기는 매력적인 수업자료이다. 물론 공개 수업이 관객을 모시고 보여주는 특별한 이벤트는 아니지만 이 날은 나도 작은 대비를 해야 한다. 우리만 있는 게 아니다. 우리 아이가 얼마나 발표를 잘하는지, 어떤 수업을 받는지 지켜보는 부모님이 있다. 긴장하는 아이들은 소수이고 대부분 들떠 있다. 이왕 들떠있는 거, 그 에너지를 발표 활동에 쓸 수 있도록 하자. 전체 공동 역할을 주고 이야기를 몸으로 체험하게 하거나 모둠별 즉흥극 발표로 진행한다. 엄마 아빠는 수업 시간 내내 아이의 다양한 움직임과 반응을 관찰할 수 있다.

성취기준

[2국03-01] 글자를 바르게 쓴다.

[2국03-02] 자신의 생각을 문장으로 표현한다.

[2국05-02] 인물의 모습, 행동, 마음을 상상하며 그림책, 시나 노래, 이야기를 감상한다.

[2국05-05] 시나 노래, 이야기에 흥미를 가진다.

[2바03-01] 가족 및 친척 간에 지켜야 할 예절을 실천한다.

[2즐03-02] 가족이나 친척이 함께 한 일을 다양한 방법으로 표현한다.

[2즐06-01] 가을의 모습과 느낌을 창의적으로 표현한다.

이야기	내용	쪽수
하나	돼지책 이야기극화 체험하기 가족을 위해 실천할 수 있는 일 찾기	140
둘	낱말 공장 나라 이야기 듣기 가을 낱말 만들기, 마음을 담은 낱말 만들기	144
셋	팥이 영감과 우르르 산토끼 이야기극화 체험하기 이야기 속 재미있는 장면 찾기	147

: 다른 수업으로 학부모 공개수업 열기 :

하나, 3부 3장에 나온 이야기극화 수업을 학부모 공개 수업 때 활용

둘, 4부 2장에 낭독극에 학부모도 참여시켜 활용

이야기 하나, 돼지책

1학년은 가족과 관련된 활동이 참 많다. [돼지책(저자 앤서니 브라운, 역자 허은미, 웅진주니어, 2017)]은 가족 구성원의 책임과 노력에 대해 이야기한다. 반에 한부모 자녀가 있다면 이 수업은 피했으면 한다. 실제 수업을 하는 경우 책 속 가상의 가족 이야기임을 강조하여 확실한 거리두기를 한다.

🎵 **성취기준**

[2바03-01] 가족 및 친척 간에 지켜야 할 예절을 실천한다.

[2즐03-02] 가족이나 친척이 함께 한 일을 다양한 방법으로 표현한다.

[2국05-05] 시나 노래, 이야기에 흥미를 가진다.

🎵 **수업초점** : 가족의 일원으로 우리가 할 수 있는 일 찾기

🎵 **수업내용**

	활동	
1	• 가족 실루엣 만나기	
2	• 엄마의 이야기 알아보기	• 쪽지, 빈 의자
3	• 가족끼리 할 수 있는 일 찾기	• 포스트잇
4	• 마무리 및 과제 안내하기	

활동1 가족 실루엣 만나기

칠판에 4명의 인물 형태를 그린다. 엄마, 아빠, 아이 두 명의 실루엣만 그려놓고 어떤 관계인지, 어떤 상태인지 추측하며 자유롭게 이야기를 나눈다.

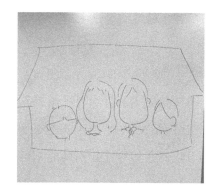

그리고 엄마 실루엣을 지운다. "엄마는 왜 사라졌을까요?" 질문으로 무슨 일이 있었을지 이야기를 나눈다. "엄마는 왜 집을 나갔을까?" 라고 하지 않고 "어느 날, 갑자기 사라졌답니다."로 이야기를 나눈다.

활동2 엄마의 이야기 알아보기

즉흥극으로 보여주기

모둠에서는 이야기 속 엄마가 왜 사라졌는지 즉흥극으로 발표한다. 모둠원 4명 모두 해당 가족 역할을 맡아야 한다. 발표한 내용은 아이들이 싸워서 엄마가 속상해서, 아이들이 엄마 말을 안 들어서. 아이들이 장난감을 치우지 않아서처럼 대부분 아이들이 원인이었다.

엄마 만나서 이야기하기

"너희는 돼지야!" 쪽지를 모둠별로 전달한다. 함께 공개하면서 왜 이런 쪽지를 남기고 떠났는지 그림책을 살펴본다. 가족들의 생활, 워킹 맘인 엄마의 고단함을 발견한다.

"이야기 속 가족의 엄마는 어떤 기분일까요?" 선생님이 역할 내 교사로 돼지책 엄마가 되어 의자에 앉아 이야기 나눈다. 아이들은 즉흥극에서 맡았던 역할로 엄마에게 질문을 한다.

"언제 돌아와요?", "우리가 집 안 일도 할게요."

"엄마 많이 속상했나요?", "우리가 미워요?"

활동3 가족끼리 할 수 있는 일 찾기

"그 뒤 가족들은 어떻게 되었을까요? 엄마는 다시 집으로 돌아왔을까요?"

[아이들도 자기 방은 스스로 청소해요. 엄마 말 잘 들어요. 안마해드려요. "고맙습니다."하고 인사해요. 아빠도 엄마랑 같이 요리해요.]처럼 아이들도 다시 가족들이 모이길 원했고, 그림책도 서로를 위하는 가족으로 마무리된다.

"우리도 가족들을 위해 할 수 있는 일을 찾아봅시다. 가족들을 생각해보세요. 지금 교실에 있는 가족도 있고, 일터에 계신 가족도 있을 거예요. 내가 가족을 위해 할 수 있는 어떤 것들이 있을까요?"

아이들은 포스트잇에 실천할 일을 써서 칠판에 붙인다. 이때 부모님들도 같은 내용으로 참여할 수 있다. 칠판에 붙인 내용은 다 함께 읽고 공유한다.

인물 실루엣 수정하기

"돼지책의 이야기처럼 앞으로 서로 위하고 노력할 경우, 이 가족들의 표정은 어떻게 변할까요?"

도입에서 그려놓은 4명의 인물실루엣 속 표정을 채웠다. 아이들이 직접 나와서 표정을 그려본다. 표정변화는 가상적 실천 결과를 시각화한다.

활동4 마무리 및 과제 안내하기

오늘 활동에 대한 느낌을 나누면서 마무리 했다. 활동 3에서 칠판에 붙인 포스트잇을 다시 가져가 학습지에 붙인다. 부모님과 아이들에게 과제를 안내했다. 각자 집에서 자기가 적은 일을 실천하고 자기평가, 부모님평가를 받는다.

돼지책-교육연극 수업을 마치고			
내가 가족을 위해 할 수 있는 일 찾아 실천하기			
		1학년 반 ( )	
자기가 썼던 포스트잇 붙이기		자기가 평가하기	
		☺☺☺☺☺	
		부모님이 확인하기	
		☺☺☺☺☺	

실천하고 느낀 점을 글이나 그림으로 표현해봅시다.

이야기 둘, 가을을 만드는 낱말 공장

[낱말 공장 나라(저자 아네스 드 레스트라드, 역자 신윤경, 세용출판, 2009)] 그림책 중심으로 가을과 국어 통합수업을 했다. 아이들은 낱말 공장에서 일하는 직원이다. 수업하는 시점이 가을이어서 가을용 낱말을 생산하고 그 낱말을 활용하여 가을용 문장으로 완성한다. 실제 그림책 사건과 인물은 전혀 나오지 않았다. 단어와 문장 쓰기를 반복하기 위해 새로운 역할을 만들었다. 드라마 체험보다 글쓰기라는 과제수행을 위한 역할 입히기로 활동별 맥락을 유지시켰다. 학부모도 엄마나 아빠가 아닌 직원으로 편하게 들어올 수 있었다. 교실에서는 계절과 주제에 따라 [여름을 만드는 낱말 공장], [겨울을 만드는 낱말 공장], [우정을 만드는 낱말 공장]으로 활용하면 된다.

♫ 성취기준

[2국03-01] 글자를 바르게 쓴다.

[2국03-02] 자신의 생각을 문장으로 표현한다.

[2즐06-01] 가을의 모습과 느낌을 창의적으로 표현한다.

♫ 수업초점

① 가을 낱말을 사용하여 문장 쓰기

② 부모님과 함께 낱말 만들기

♫ 수업내용

	활동	
1	• 낱말공장에 취직하기	• 자석보드, 보드마카
2	• 가을을 만드는 낱말 공장	
3	• 마음을 전하는 낱말 공장	
4	• 마무리 및 느낌 나누기	
누가	**어떤**	**역할**
아이들	가을 낱말공장에 취직한	사람들
학부모	마음 낱말공장에 취직할	사람들

자격시험보기

- 낱말 공장에서 만든 여름 낱말 중 불량품 발견하기
- 칠판에 불량 낱말 5가지를 보여주고 잘못 쓴 낱말을 바르게 고치기
- 불량품 낱말 중 하나 이상을 골라서 바르게 고치기 (개인 또는 짝과 함께 바르게 고친 낱말을 써서 칠판에 붙여 놓는다.)

부체	팥빙수	어름	선품기	소나귀
부채	팥빙수	여름/얼음	선풍기	소나기/당나귀

모두 합격

- 모두 합격 시켜주기
- 합격자에게 공장 직원들이 낱말 만들 때 쓰는 '펜과 종이' 도구 주기

활동2 가을을 만드는 낱말 공장

"여러분! 우리 낱말 공장에 첫 번째 주문이 들어왔어요. 오늘 처음 일하러 공장에 왔으니 제가 차근차근 안내해드리겠습니다. 잘 듣고 일하세요."

가을 사진보고 몸짓으로 표현하기

"우리 공장은 낱말이 뚝딱 뚝딱 그냥 나오는 게 아니랍니다. 1단계 몸으로 보여주고, 2단계 자석 보드판에 쓰고, 3단계에서 선생님이 틀린 곳이 없는지 확인하고 통과!하면 완성됩니다."

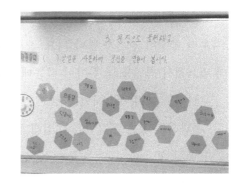

- 가을사진을 모둠별로 나눠준다.
- 사진 속 대상을 몸짓으로 표현하면 다른 사람들은 관련된 단어를 자석판에 써서 붙인다.

- 잠자리, 단풍잎, 바람, 허수아비, 여치, 코스모스 등

가을 낱말로 가을 문장 만들기

"공장에 특별한 주문이 들어왔어요. 더 고급스럽고 비싸게 팔릴 수 있어요. 가을을 더 잘 나타내는 문장이거든요."

- 앞에서 만든 가을 낱말을 이용하여 가을을 나타내는 문장 쓰기
- 나눠진 학습지에 문장을 완성하거나 새로운 문장을 써서 상자에 담는다.

---

1. 파란 하늘에 (　　　)가 훨훨 날아다닌단다.
2. 가을에는 들판에 (　　　)가 서 있단다.
3. 가을에는 (　　　　　　　　　　　)

- 자기가 해결할 수 있는 번호를 골라 하나 이상 완성해서 담으면 된다.
- 고급스럽고 비싸게 판다고 했으니 학습지도 일반 종이보다 색깔이 있는 종이에 복사해서 나눠준다.

활동3 마음을 전하는 낱말 공장

"여러분! 두 번째 주문이 들어왔어요. 정말 더 바빠질 것 같습니다."

부모님도 참여하는 초성 게임

"우리 공장이 인기가 많나 봐요. 오늘도 특별한 주문이 들어왔어요. 어렵고 일손이 더 필요해서 직원을 더 뽑아야 하는데 누가 같이 일을 할 수 있을까요?"

"부모님도 우리처럼 시험을 보고 합격하면 같이 낱말 공장에서 일할 수 있어요."

- 참관하고 있는 부모님을 수업에 참여시킨다.
- ㄱㄴㄷㄹㅁㅂㅅㅇㅈㅊㅋㅌㅍㅎ등 초성을 몇 개씩 엮어서 섞는다.
- ㄱㅂ, ㅇㅅ, ㅇㅂ, ㄷㄹ, ㅁㅂ, ㅋㄹㅍㅅ, ㅈㅈ 등
- 해당 초성을 보고 부모님이 손을 들고 정답을 맞힌다.
- 정답예시 : 가방, 인사, 우비, 다리, 모방, 크레파스, 정지

- 모두 합격시키고 자녀가 포함된 모둠으로 자리를 옮긴다.

마음을 전하는 문장 쓰기

- 넓은 포스트잇과 펜을 가지고 마음을 전하는 문장을 써본다.

연습문제 : 선생님은 우리를 ㉮◎ㅎ
부모님은 나를 (   )
나는 친구를 (   )

- 하나를 골라서 문장을 완성하거나 빈 칸에 자기만의 문장을 쓴다.
- 아이도 부모님도 함께 쓴다.
- 포스트잇에 문장을 만들어 칠판에 붙여본다.
- 만든 문장을 감정과 느낌을 담아 읽는다.

활동4 마무리 및 느낌 나누기

- 말없이 몸짓과 표정으로 생각과 느낌을 전달할 수 있었나요?
- 세상에 말과 글이 없다면 어떻게 될까요?
- 다음에 어떤 낱말과 문장을 만들어 보고 싶나요?

이야기 셋, 팥이 영감과 우르르 산토끼

아이들이 접하는 이야기에는 토끼가 참 많이 나온다. 위기에 처한 나그네를 구해주는 정의로운 역할로, 간을 달라는 용궁 인물들을 속이는 꾀 많은 역할로, 달리기 경주에서 방심해서 거북이에게 진 역할로, 용감한 경찰로도 나온다. [팥이 영감과 우르르 산토끼(글/그림 박재철, 천둥거인, 2009)]에는 팥이 영감과 이 할아버지가 가꾼 팥을 따 먹는 얄미운 산토끼

가 나온다. 이야기 속의 쫓고 쫓기는 구조와 속고 속이는 상황, 팥을 먹는 토끼라는 캐릭터가 극화활동을 설계하기에 적합했다. 토끼가 된 아이들이 수업 중에 이야기 밖으로 달아나지 않도록 교사의 설명에 따라 움직이는 해설팬터마임 기법을 적극 활용했다.

♬ 성취기준

[2국05-05] 시나 노래, 이야기에 흥미를 가진다.

[2국05-02] 인물의 모습, 행동, 마음을 상상하며 그림책, 시나 노래, 이야기를 감상한다.

♬ 수업초점

① 산토끼가 되어 팥이 영감과 겨루기

② 옛이야기 속 재미있는 장면 찾기

♬ 수업준비

① 토끼 머리띠(토끼 귀는 색깔 선택 없이 동일한 귀를 만든다.)

② 훌라후프 5개(가마솥), 색깔 천과 꽃 모형(무덤 만들기 소품)

③ 팥이 영감(밀짚모자), 죽은 척 하는 팥이 영감(종이 봉지)

활동		
1	• 이야기 소개하기	• 주인공 인물 그림조각
	• 조각 이야기에서 재미있는 장면 찾기	• 조각 읽기 자료
2	• 이야기극화 실연	• 역할 준비물
3	• 극화 활동을 생각하며 재미있는 장면 찾기	

누가	어떤	역할	소품
아이들	팥이 영감 밭 팥을 좋아하는	산토끼들	토끼 귀 머리띠
	죽은 척 하는	팥이 영감	종이 봉지
교사	토끼 때문에 화가 난	팥이 영감	밀짚모자

활동1 이야기 소개하기

이야기 배경 그리기

- 칠판에 이야기 공간인 넓은 밭을 그린다. 아이들에게 어떤 이야기로 수업이 전개
될지 시간, 공간, 등장인물 정보를 줄 수 있다. 나는 칠판에 수업시간에 전개되는
이야기 배경을 자주 그린다. 극화활동이 진행되는 동안 칠판에 계속 남아있는
이야기 정보들은 중간에 샛길로 빠질 수 있는 아이들의 시선을 잡아줄 수 있다.

조각 이야기에서 재미있는 장면 찾기

- 그림책의 텍스트만 빼서 따로 읽기자료를 만들었다.
- 전체 이야기를 모둠별로 A4반 절 크기로 조각조각 나눠서 준다.
- 양이 많지 않아서 읽기에 부담도 없다.
- 조각 글 속에서 재미있는 장면이 있는지 살펴본다.

활동2 이야기극화 실연

이야기가 펼쳐질 교실 앞을 빨간색 마킹 테이프로 3부분(토끼집-팥 밭-팥이 영감
집)으로 나눈다. 아이들은 토끼 머리띠를 하나씩 받고 선생님이 들려주는 설명에 맞
춰 산토끼가 되어 움직이도록 약속했다.

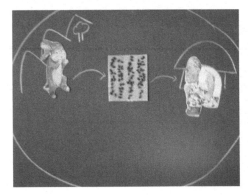

① 토끼들은 토끼집으로 이동하기

"준비가 되었으면 토끼는 이제 집으로 갑니다."라고 안내한다.

- 움직일 때는 머리에 쓴 토끼 귀 덕분에 산토끼처럼 깡충깡충 뛴다. 자리를 벗
어난 아이들은 어수선했다. 그래서 "밤이 되어서 토끼는 잠을 잡니다."라고 했
다. 조용히, 다양한 모습으로 잔다. 엎드리는 아이, 입 벌리는 아이, 벽에 기댄
아이 등.

② 토끼는 아침에 무엇을 먹는지 알아보기

"아침이 되었습니다. 토끼는 일어납니다." 아이들은 기지개를 펴고 일어난다. "배가
고파요, 아침밥을 먹어야 하는데 토끼는 무얼 먹을까요? 무엇을 좋아할까요?" 아이들
은 토기 풀, 당근, 배추 등 채소를 이야기 한다. 한 아이가 "삼겹살"을 좋아한다고 했
다. 나는 여기 이야기 속 토끼는 팥을 너무 좋아한고 했다. 조용히 팥이 영감 밭에서
팥을 먹는다고 했을 때 몇 명 아이들은 멀뚱멀뚱 서 있었지만 다른 아이들이 땅에서
뭔가 집어 먹는 척하는 걸 보고 이내 같이 합류한다.

③ 역할 내 교사 팥이 영감 만나기, 도망가기

"선생님이 이 밀짚모자를 쓰면 팥이 영감이 될 거예요."

중간에 내가 밀짚모자를 쓰고 팥이 영감이 되어 아이들을 잡는 시늉을 했다. 갑자
기 아이들이 자기 책상 밑 교실 뒤로 우르르 도망간다.

실수였다. 얼른 얼음을 시키고 "놀란 토끼들은 저기 자기 집으로 갑니다."라고 했더

니 마킹 테이프로 만들어 놓은 집으로 다 옮겨갔다. 한 아이가 집으로 가지 않고 내 주위를 맴맴 돈다. 왜 집으로 들어가지 않냐 했더니, 발이 간지럽다고 실내화를 벗고 싶다고 했다. 실내화를 자기 자리에 두고 온다. 왜 한 짝만 두고 오냐고 물었더니, 한 쪽만 간지러우니까 한 쪽만 벗었단다. 이 아이는 계속 실내화 한 짝만 신고 참여했다. 이 아이가 삼겹살을 좋아한 토끼다.

④ 화가 난 팥이 영감, 죽은 척하기

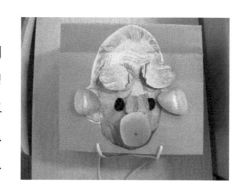

화가 난 팥이 영감이 토끼를 잡기 위해 꾀를 냈다며 미리 약속한 아이에게 팥이 영 감 역할을 주고 종이봉지 가면을 씌우고 그 림책 속 내용처럼 과일들을 얼굴에 붙였다. 아이들은 그 모습이 우스운지 깔깔 거린다. 그리고 교실 가운데 가서 대자로 눕게 했다.

"토끼야! 팥이 영감이 죽은 것 같아."

아이들은 안 죽었다고 한다.

"아니야, 정말 죽은 것 같아. 왜 죽었을까?"

계속 의심은 하고 있는 것 같았다. 처음 조각 이야기에서 팥이 영감이 죽은 장면을 기억한 아이가 상황을 말해준다.

⑤ 팥이 영감 무덤 만들기

죽은 팥이 영감 불쌍하니까 소품을 이용해서 무덤을 만들어 주자고 했다. 아이들은 신나서 뛰어간다. 누워있는 아이가 뛰어가는 아이들 발에 밟힐까봐 걱정했지만, 조심스럽게 천도 덮고, 꽃 장식도 뿌려준다. 어떤 아이는 정말 죽었는지 확인하려는 듯이 실내화를 벗겨 발을 간지럽힌다. 이 아이가 삼겹살을 좋아하는 토끼다.

⑥ 가마솥에 들어간 토끼들

"얼음! 이제 선생님 해설에 따라 움직이세요. 죽은 줄 알았던 팥이 영감이 일어납니다. 토끼들은 놀라서 그 자리에 멈췄습니다."

신호에 맞춰 벌떡 일어난 팥이 영감이랑 나는 얼음을 해서 꼼짝도 못하는 토끼들을 잡아 훌라후프에 5명씩 가뒀다. 이야기처럼 토끼탕을 끓이기 위해 가마솥에서 가둔 것이다.

그러나 팥이 영감은 또 한 번 속는다. 토끼들은 내 해설에 따라 외친다.

"토끼탕은 무를 넣어야 맛있는데!"

팥이 영감 아이도 내 해설에 따라 움직인다.

"팥이 영감은 저기 멀리에 있는 무밭으로 갑니다."

팥이 영감은 내 손가락이 가리키는 곳으로 옮겨가서 얼음하고 멈췄다.

"토끼들은 몰래 빠져나와 조용히 자기들이 살고 있는 산으로 갑니다."로 해설을 해서 동선을 알려줬다. 토끼는 가마솥에서 몰래 빠져나와 산으로 도망간다. 팥이 영감 아이는 이미 멀리 떨어져 있는 가상 상황이기 때문에 토끼들이 무얼 하고 있는지 모른다. 속았다.

부모님께 도망가는 아이들이 있어서 다시 한 번 산으로 간다고 알려줬다. 토끼들은 그 좁은 공간에서도 긴장을 풀지 않고 조심스럽게 탈출에 성공했다.

활동3 **마무리 정리**

이야기 밖으로 나오기

"이야기는 끝났어요. 이제 자기 책상으로 가서 앉아요."

"더 해요!", "벌써 끝나요?", "재밌어요."라고 한다.

재미있는 장면 찾기

"산토끼가 되어 이야기를 만났는데 어느 부분이 재미있었어요?"

아이들은 팥이 영감이 죽은 척 할 때와 가마솥에 갇힐 때, 탈출 할 때가 가장 재미있다고 했다.

다시 한 번 [팥이 영감과 우르르 산토끼] 책을 보면서 그림과 관련지어 재미있다고 생각한 장면을 확인했다. 삽화가 워낙 재미있게 표현됐기 때문에 책을 펼치자마자 깔깔 웃고, 자세히 보려고 앞으로 나오려했다.

아이들이 자기들은 최고로 재미있었고, 좋았다고 선생님을 칭찬한다.

최○○ : 재미있었고 또, 팥이 영감이 일어나서 달려가는 게 재미있었다.

심○○ : 밭에 영감이 죽은 척 했을 때 재미있었다. 항아리에 갇힐 때 재미있어요.

배○○ : 할아버지가 죽었을 때 흙에 다가 꽃을 놓는 게 재미있었다.

이○○ : 할아버지가 토끼를 가마솥에 넣을 때 재미있었어요.

송○○ : 토끼가 눈알이 터져서 죽었다고 말한 게 재미있었다.

수업 후기

20○○. 6월 15일

어제 공개 수업을 마쳤다. 수업 내내 방해꾼 한 명이 있었다. 기분 나쁘면 참여하지 않고 기분 좋으면 열심히 도와주는 아이. 오늘 아침에 기분은 어떤지 물어봤다. 좋단다. 다행이다. 학부모, 교감, 동학년 선생님이 오셨다. 국어과 이야기극화 수업을 시작했다. 아이들은 산토끼, 난 팥이 영감 역할을 맡았다. 다른 토끼들은 내 해설에 따라 잘 움직였다. 그 아이만 유독 딴 짓을 한다. 갑자기 발이 아파서 실내화를 벗는다 하고, 다른 공간을 이동해야하는 상황에서 꼭 뒤에 남아 딴 짓하고, 토끼가 뭘 좋아하냐고 묻는 말에 다들 당근, 풀을 말하는 데 삼겹살이 좋단다. "○○야, 계속 선생님이랑 한 약속을 지키지 못하고 자꾸 벗어나면 (교감선생님을 가리키며) 저기 있는 토끼 장수에게 팔아버린다."고 했다. 시무룩해진 아이는 날 꼭 껴안으며 싫단다. 어찌됐건 수업은 끝났다. 따로 불렀다.

"왜 그랬어? 응?"

"재미있어서 그랬어요."

할 말 없다. 퇴근해서 그 날 수업 동영상을 다시 봤다. 실제 수업시간에 극화 속에서 해설자로, 역할 내 교사로 느꼈던 것과 달리, 너무 재미있었다. 수업 진행하는 내내 방해꾼이라고 생각했던 삼겹살을 좋아하는 토끼가 잡힐 듯 말 듯 도망가면서 극의 여운과 재미를 더해주었다.

'어머, 어떡해.' 아이는 이야기 속에 푹 빠져 있었다. 자기가 토끼라고 생각했기 때문에 삼겹살도 좋다고 했던 거다. 다른 아이들이 선생님 해설대로 재깍 움직였다면, ○○는 자기가 이해한 이야기 틀에서 토끼로 즐기고 있었던 것이다. 밋밋한 장면들이 삼겹살을 좋아하는 토끼 때문에 살아났다.

오늘 아이를 불렀다.

"미안해. ○○이 덕분에 수업이 재밌었어. 선생님은 집에서 너 때문에 웃었어."

"정말요? 선생님도 잘하셨어요. 할머니가 그랬어요. 우리 ○○이가 재미있을 수 있는 건 선생님이 열심히 잘 하셨기 때문이래요."

학부모 공개수업에서 사용한 팥이 영감과 우르르 산토끼 해설문

♩ : 땡. 움직임과 멈춤 신호 (핸드벨 소리)

교사의 역할 이동 : 밀짚모자를 쓰면 팥이 영감, 모자를 벗으면 해설자

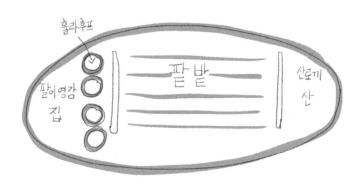

① 인물 등장

해설 : (귀를 다 붙인 걸 확인하고) ♩ 여러분은 토끼예요. 토끼는 어떻게 움직일까요? 제자리에서 한 번 움직여봅시다. ♩ 산토끼는 어디에서 살까요? 산에서 살아요. (테이핑 장소를 가리키며) 저기가 산이에요. 산으로 우르르 가 봅시다. ♩ 밤이 되었어요. 토끼는 잠이 듭니다. ♩ 산토끼들이 산에서 조용히 자고 있는 동안, 밭에는 팥이 영감이 나왔어요.

팥이 영감 : 밀짚모자를 썼습니다. 이제 선생님은 팥이 영감이랍니다. 팥들이 잘 자

고 있나? 에구 에구 에구. 잘 자라고 있네. 쑥쑥 자라라. 다 자라면 팥죽도 쒀 먹고, 팥빵도 만들어 먹어야지. 쩝쩝. 아이 맛있겠다.♩

② 팥을 훔쳐 먹는 산토끼

해설 : (밀짚모자를 벗고) 팥이 영감은 팥을 너무 너무 좋아하나 봐요.♩어느 날 토끼가 마을로 조용히 내려왔어요.♩사람들이 볼까봐 아주 조용조용 내려왔어요.♩ 쿵쿵. 쿵쿵. 맛있는 냄새가 나요. 팥이에요. 우르르 밭으로 들어가 냠냠 맛있게 먹어요.♩팥이 영감이 오고 있어요. 산토끼들은 우르르 산으로 도망갑니다.♩쉿!

팥이 영감: (밀짚모자를 쓰고) 무슨 소리가 났는데. 아무도 없네? (밭을 뒤적거리며) 아니 누가 팥을 몽땅 먹었지? (산토끼에게 다가가 보여도 안 보인 척하고 돌아온다. 학부모에게 물어볼 수도 있다.) 이놈들 잡히기만 해라. 에잇.

③ 죽은 척 하는 팥이 영감

해설: (밀짚모자를 벗고) 팥이 영감은 갔어요. 산토끼들은 밭으로 우르르 나와 팥을 맛있게 먹어요.

팥이 영감: (밀짚모자를 쓰고) 꼼짝 마! 내 팥을 먹어? 다 잡아 먹어버릴게다. (하면서 아이들을 쫓으면 아이들은 도망가고 선생님은 잡는 시늉은 하되 적극적으로 잡지는 않는다.) 얼음!! (밀짚모자를 벗고) 팥이 영감은 한 마리도 못 잡았어요. 토끼들은 깔깔깔 하하하 웃으면서 약 올리며 산으로 올라갑니다.♩

해설 : (팥이 영감 얼굴 종이봉지를 아이들 앞에 가져가서) 팥이 영감은 토끼를 어떻게 잡을까 고민하다가 눈에다 곶감 박았어요. 코에는 대추를 꽂았어요. 귀에는 밤을, 입에는 빨간 홍시를 물었어요. 그리고 얼굴에는 까맣게 숯칠을 하고 벌러덩 누웠답니다. (교실 상황에 따라 아이 한 명이 팥이 영감 가면을 쓰고 역할을 변경한다.) 팥이 영감이 죽었나 봐요? 왜 죽었을까요?♩(산토끼 인터뷰-아이들은 생각난 것을 말한다.)

④ 팥이 영감 무덤 만들기

해설 : 토끼들은 팥이 영감이 불쌍해서 무덤을 만들었어요. 여러 가지 색깔 흙도 덮어주고, 꽃도 뿌려주었어요. ♩ 산토끼, 얼음! 갑자기 팥이 영감은 벌떡 일어났어요. 놀란 토끼들은 꽈당 주저앉았어요. 팥이 영감은 토끼들을 다 잡았답니다. (선생님과 팥이 영감이 토끼들을 훌라후프가 있는 팥이 영감 집으로 데리고 이동한다.)

⑤ 붙잡힌 산토끼

해설 : 팥이 영감은 잡은 토끼들을 가마솥에 넣었어요. 4마리씩 가마솥에 넣었어요. 물을 붓고, 불을 피웠어요. ♩ 재잘재잘. 무슨 소리가 들려요. 토끼들이 말을 해요. "무를 넣어야 더 맛있는데." 또 말을 해요. "무를 넣어야 더 맛있는데." 팥이 영감이 그 이야기를 듣고 무를 가지러 밭으로 갑니다. ♩ 팥이 영감! 얼음! 산토끼들은 조용히 가마솥에서 나옵니다. 들키지 않게 살금살금 산으로 도망갑니다. 쉿! 들키지 않게 조심해.

※ 이야기 속에서 나오기

♩ 이야기는 다 끝났어요. 토끼 머리띠는 여기에 두고 자리로 돌아가세요. 우린 이제 팥이 영감도 토끼도 아니에요. 다 앉았어요? 읽었던 내용, 금방 했던 활동을 생각해봅시다. 어느 부분이 재미있었나요? 무엇이 재미있게 느껴졌나요? 인물의 말과 행동이 재밌었나요?

나는 똥이 참 좋다. 1학년 아이들을 만나면 꼭 똥 이야기를 들려준다. 물론 "똥 들을래? 귀신 들을래?"하면 대부분 귀신 이야기를 선택한다. "욱, 웩, 으윽!" 더럽다하면서도 좋아한다.

꿀 강아지? 똥 강아지가 아니고?

서정오 선생님의 우리 옛이야기 중 '꿀 강아지'를 추천한다.

아침에 들려줬다. 강아지가 등장한다는 말에 반응이 좋다. 평소에 보는 강아지는 어떤 표정, 어떤 모습, 어떤 소리를 갖고 있는지 흉내 내보도록 했다. 옛 이야기 속에는 우리가 알고 있는 강아지가 아니라 아주 특별한 능력이 있다고 소개했다. 특별한 능력이 무엇일지 상상해서 발표했다.

"얘들아, 이 강아지는 똥 대신 달디 단 꿀 똥을 싼다."고 하자 난리다.

자세히 듣기 위해 더 가까이 다가온다.

"똥을 찍어먹으니"라고 말하자마자 몇 명 여자 아이들은 책꽂이 뒤로 숨고, 반대로 서너 명은 내 앞 가까이 와서 얼굴을 들이민다. 내가 손가락으로 똥을 찍는 척하고 내밀자 아이들은 먹는 척까지 하며 쩝쩝거린다.

실제 이야기는 부자 양반이 꿀이 아닌 진짜 강아지 똥을 찍어먹는다고 하자 나머지 아이들도 뒤로 도망갔다.

호랑이야, 너는 어떻게 똥 닦아?

이 이야기는 오래전에 반 아이가 내게 들려준 이야기다. 지금은 내가 다른 아이들에게 나누고 있다. [호랑이, 토끼, 똥] 1학년이 좋아하는 소재가 다 나온다.

"애들아 재밌는 이야기 해줄까?"
"네!"
"토끼가 나오고 호랑이가 나와요."
"나, 그 이야기 알아요!"

어떤 아이는 벌써 아는 척을 한다.

"우리 이야기를 들으면서 흉내 내기도 해보자. 너희는 이제 토끼야. 토끼는 어떻게 뛰어요?"

"깡충깡충"

"한 번 뛰어보세요." 잘 뛴다.

"너무 뛰었더니 배고파요. 토끼는 무엇을 먹을까요?"

"풀이요." 아이들은 맛있게 먹는 시늉을 한다.

"먹었더니 배가 아파요. 응가가 나와요. 이제 응가할 곳을 찾아가세요. 그리고 똥을 싸세요."

아이들은 교실 이곳저곳을 누비더니 자리를 잡고 똥을 누는 시늉을 한다. 당황해서 주저하는 아이도 있다.

"똥을 싼 토끼는 보드라운 풀에 똥꾸를 쓱싹쓱싹 닦았어요."

내가 먼저 풀에 엉덩이로 쓱쓱 닦는 모습을 보여주니 아이들도 "꺅!"하면서 엉덩이를 움직인다.

"어? 어! 저기 호랑이가 보여요. 얼른 숨어!"

숨으라고 하니 책상 밑으로 들어가 다리 하나씩 잡고 있다.

"호기심 많은 토끼는 호랑이에게 살며시 다가왔어요. 이제 선생님이 호랑이가 될 거예요. 토끼는 호랑이 옆에 다가 와요. 호랑이를 만지면 안 돼요. 조심스럽게 다가와서 호랑이를 불러보세요. 다같이! 호랑아! 호랑아!"

아이들은 내 코 앞까지 몰려와서 호랑이를 외친다.

"다시 한 번 더! 호랑아! 호랑아!"

아이들은 또 호랑이를 부른다.

"이제 선생님이 하는 말을 그대로 따라해 보세요."

선생님 말을 따라하라는 소리에 벌써 신이 났다.

"호랑아!" – "호랑아!"

"나는!" – "나는!"

"똥을 싸면 풀에 닦는데" – "똥을 싸면 풀에 닦는데"

"너는 어떻게 닦니?" – "너는 어떻게 닦니?"

"호랑아! 나는 똥을 싸면 풀에 이렇게 쓱싹쓱싹 닦는데, 너는 어떻게 닦니?"

"얼음!" 아이들을 잠시 멈추게 했다.

"여러분 호랑이는 똥을 어떻게 닦을까요?"

멈춘 상태에서 인터뷰를 했다. 아이들은 자기 생각을 말한다.

[바닷물에 씻는다. 시냇물로 씻는다. 모래에 비빈다. 풀을 뜯어서 닦는다. 바위에 비빈다. 그냥 말린다. 자기보다 작은 동물을 잡아 닦는다.]

"이제 호랑이가 보여줄 거예요. 다시 한 번 물어보래요? 시작!"

"호랑아, 호랑아, 나는 이렇게 닦는데, 너는 어떻게 닦니?"

아이들이 묻고 내가 몸짓과 함께 보여줬다.

"응, 나는 말이야, 나는……. 끄응, 끄응."

똥 누는 시늉을 하면서 주변 아이들을 쓱 쳐다보았다.

"나는 이렇게 닦아."하면서 옆에 있는 아이의 귀를 잡는 척, 응가를 닦는 척 하자 아이들이 도망갔다. 이야기는 여기에서 끝난다. 그냥 졸린 오후에 듣기에 재미있는 이야기다. 기겁을 하고 도망가는 아이들이 너무 귀여워서 나도 뛰었다. 토끼를 잡으러 다녔다. 어떤 아이는 도망치면서 일부러 잡히려고 멈췄다 도망갔다 반복한다. 나는 계속 호랑이가 되어 아이들 등을 쳐서 잡은 척하고 똥 닦는 시늉을 했다. 대부분 아이들을 한 번씩 잡아주고 마무리 하려고 할 때 한 아이가 넘어졌다. 혼자 넘어졌으면서 앞에 뛰어간 아이가 밀었다고 한다.

'아, 그냥 끝낼 걸 괜히 뛰었네.'

"선생님! 또 해요!"

아이와 나의 온도차다.

교육연극 Tip

해당 이야기처럼 재미있는 움직임이 있는 요소가 있으면 별다른 안내 없이 즉흥적으로 등장인물을 흉내 내며 이야기를 즐길 수 있다. 아울러 아이들은 동물역할을 좋아하고 강하고 무서운 것에게 도망치는 걸, 숨는 걸, 뛰는 걸 좋아한다.

·3부·

교육연극으로 만든
국어 수업

1 몸짓으로 글자, 낱말, 문장 만들기

'놀이와 활동 중심 학습을 지향하고 충분한 반복학습을 유도한다.'

2015개정 교육과정 국어과 한글교육 특성 중 하나다. 지금부터 우리 아이들은 몸짓표현과 놀이로 국어수업을 만난다.

가. 인사말과 바른 자세

[2국01-01] 상황에 어울리는 인사말을 주고받는다.

수업 하나, 인사 역할극 만들기

① 학교나 집에서 인사한 경험 이야기하기

② 모둠별로 인사했던 상황을 하나 골라서 역할극 준비해서 보여주기

③ 역할극 속에서 친구들이 사용했던 인사말 찾아보기

④ 10칸 공책에 인사말 바르게 써보기

수업 둘, 인사법 전달 연극놀이

① 알고 있는 인사법 보여주기

② 자기 인사법 만들기(말, 손짓, 몸짓으로 만들 수 있음)

③ 자리에 일어서서 인사 준비하기

④ 선생님이 틀어준 음악에 맞춰 천천히 걷기

⑤ 걷다가 마주친 사람에게 '자기 인사법'으로 인사하기

⑥ 음악이 끝나면 자기가 만났던 인사 중 갖고 싶은 인사법으로 다시 시작

⑦ 음악이 시작하면 새로운 인사법으로 전달

⑧ 마무리로 선생님의 인사법을 따라 하기

⑨ 활동 중에 느꼈던 점 이야기 나누기

[2국01-04] 듣는 이를 바라보며 바른 자세로 자신 있게 말한다.
[2바01-01] 학교생활에 필요한 규칙과 약속을 정해서 지킨다.

수업 셋, 선생님의 옷차림을 바꿔라!

① 선생님의 매무새를 어수선하게 만든다.

② 아이들은 관찰한다.

③ "시작하겠습니다."라는 신호와 함께 바르게 고쳐주기를 시작한다.

④ 아이들은 선생님의 옷차림에서 단정하지 못한 부분이 있으면 "잠깐!"을 외치고 직접 나와서 수정한다.

⑤ 말로 지시할 수 있고, 손으로 가리킬 수 있지만 만질 수는 없다.

⑥ 한 사람이 한 가지만 수정할 수 있다.

수업 넷, 선생님의 태도를 바꿔라!

① 선생님이 수업태도가 바르지 못한 학생이 되어 책상 위에 다리를 올리고 의자에 앉는다.

② 아이들은 관찰한다.

③ 시작소리와 함께 "잠깐!"을 외치고 직접 자세를 고쳐준다.

④ 함께 수정한 '바르게 앉은 선생님'의 모습을 다 같이 따라 해본다.

"어떤 게 바른 자세인가요? 말해 볼까요?"

말로만 발표하는 것은 재미없다. 나는 매무새를 불량스럽게 만들었다. 신발도 딱딱 딱 끌면서 교실 밖으로 나갔다가 다시 들어왔다.

"선생님 옷차림과 태도를 하나씩만 바르게 고쳐주세요."라고 알려준 뒤 바르지 못한 모습으로 책상에 발을 올리고 앉았다.

아이들은 "발 내려!"하며 지적한다. 내가 못 알아듣는 척 하자 직접 나와서 다리를 내려준다. "학생, 바르게 앉아야지!", "누가 그러랬어!", "똑바로 해!", "손 무릎에, 턱은 집어넣어."와 같이 단호하게 말한다. 그러면 나는 "바르게가 뭔데요? 똑바로가 뭔데요?"라고 대꾸하면서 정확한 지시와 들리는 목소리로 말한 경우만 움직였다. 바른 자세를 만들면서 바르게 말하는 방법도 동시에 익힌다. 나는 계속 불량스럽게 말하고 움직였다. 한 번이라도 더 고쳐주고 싶어서 이 사람 저 사람 손대다가 이상하게 꼬여 버렸다. 다시 다리는 나오게 되었고. 엎드리게 되었다. 턱, 허리, 모두 고쳐놓는다. 난 아바타처럼 움직였다.

어느 정도 바른 자세가 완성되자 나는 "하나, 둘, 셋"을 외치며 일어섰다.

"고마워요. 이제 선생님으로 다시 돌아왔어요. 그런데 여러분은 바른 자세를 아주 잘 알고 있던데, 지금 모습은 어떤지 한 번 보세요."

아이들이 자기 자세를 고친다.

"그래, 너희도 선생님한테 시켰으면 너희도 지켜야지."

나. 자모식 음절 소리 알기

[2국04-01] 한글 자모의 이름과 소릿값을 알고 정확하게 발음하고 쓴다.

활동1 자음과 모음이 합쳐지는 소리 탐색하기

① 교과서에 나온 음절 소리 탐색하며 정확히 읽는다.

자 재우는 그림, 차 공을 차는 그림, 가 강아지를 집으로 가라는 그림

카 음료수 마시고 '카'소리 내는 그림

라 합창단이 라라라 노래 부르기

㉠ 과일가게 앞에서 과일 사

② 다른 자음들도 ㅏ모음과 합쳐 소리 만들었고 반복해서 읽는다.
㉮㉯㉰㉱㉲㉳㉴㉵㉶㉷㉸㉹㉺㉻

활동2 낱글자를 외치면 어울리는 동작 발표하기

① 2명이 한 팀이다. 앞에서 만든 낱글자로 문장(대사)과 동작을 만든다.
② 한 명이 지시를 하면 다른 한 명은 지시자의 움직임에 맞춰 행동하거나 그 지시
에 맞는 상황을 표현한다.

친구들이 글자를 크게 읽어주면 시작한다.

㉵를 외친다. "게임 그만하고 얼른 ㉵!"라고 말하자 다른 아이는 "네, 안녕히 주무
세요."하고 인사하면 바닥에 눕는다.

㉮를 외친다. "너 이제 집에 ㉮!"라고 하자, 교실 앞문으로 걸어가면서 "내일 봐,
안녕!"하면서 문을 열고 나간다.

㉶를 외친다. "우리 축구하자! 얼른 공 ㉶!"라고 하자 다른 아이가 공을 찬다.

㉷를 외친다. "우리 축구했더니 덥다. 콜라 마시자."고 하자 둘이 따라 마시고
"㉷!"소리를 낸다.

㉱를 외친다. "우리 운동했더니 배고프다. ㉱면 먹으러 가자."라고 하자 둘이 빈
책상에 가서 고개를 맞대며 라면 먹는 흉내를 낸다.

㉠를 외친다. "아들아 ㉠랑 한다." 하면서 표현할 아이를 껴안는다.

교과서 본문에는 한 글자로도 지시가 가능한 동사였다면, 아이들은 '㉱면', '㉠랑'
처럼 단어의 첫 글자로 표현했다.

이제는 혼자 보여준다. 교실 앞에 나와서 친구들이 들려주는 낱글자에 어울리는
상황이나 행동을 발표한다.

㉷-친구들을 바라보며 ㉷러멜 먹자고 말한다. ㉷메라로 사진을 찍을 거라면서 찰
칵한다.

챠-바닥을 손으로 더듬거리더니 방바닥이 챠다고 말한다.

땨-땨람쥐 열매 먹는 모습을 흉내 낸다.

퍄-퍄를 먹는다면서 냠냠하다가 퉤퉤 뱉는다.

먀-먀늘을 먹더니 맵다고 인상을 쓴다.

탸-자기는 탸조라면 푸덕거리며 걸어 다닌다.

활동3 ㄱㄴㄷㄹ + ㅓ로 글자 만들어 즉흥상황 표현하기

다른 모음으로 한 글자를 만들어서 즉흥상황을 만들어 발표 한다.

꺼 - 꺼인이 나타났다. 도망가자!

너 - 너무 배가 고파서 밥 먹어요.

더 - 맛있어요. 더 주세요.

러 - 러시아는 추워요.

대부분 해당 글자가 들어간 문장을 먼저 이야기하고 몸동작을 나타냈다.

다. 글자 전달놀이

[2국03-01] 글자를 바르게 쓴다.
[2국04-01] 한글 자모의 이름과 소릿값을 알고 정확하게 발음하고 쓴다.

수업 하나, 등판으로 글자 전달하기

도화지만큼 아이들 등도 많이 이용했다. 손가락을 연필로, 등을 공책 삼아 숫자, 글자, 모양 등을 전달한다. 처음에는 자음만 전달, 두 번째는 모음만 전달, 세 번째는 받침이 없는 낱자, 받침 있는 낱자, 마지막에는 팀을 나눠 친구 이름 두 글자를 등으로 전달하면 이름의 주인공을 데려오는 게임으로 마무리 했다. 겨루기 형태지만 순서에 맞춰 일렬로 서 있기 때문에 안정이다. 한 판이 끝나면 처음 글자를 전달한 사람은 뒤로 이동하고 그 두 번째 사람이 앞으로 이동해서 새로운 글자를 전달한다.

① 수업준비 : 보드판과 보드마카

② 모둠별로 모두 나와 한 줄로 선다. 교실 뒤쪽을 바라보고 눈을 감는다. 모둠별 끝에는 책상이 있고, 그 위에는 보드마카와 보드판이 있다.

③ 맨 앞 사람만 뒤를 돌아 선생님을 본다. 선생님이 제시한 글자를 외운다.

④ 그리고 뒤를 돌아 두 번째 친구 등에 제시한 글자를 쓴다. 두 번 쓸 수 있다. 다시 쓸 때는 손바닥으로 등을 쓸어내려서 다시 쓴다는 것을 알린다. 말하지 않고 쓴다. 전달 받은 친구는 눈을 뜨고 같은 방법으로 전달한다.

⑤ 맨 마지막 사람이 전달 받은 글자를 보드 판에 쓴다.
    선생님이 "정답을 보여주세요!"라고 외치면 머리 위로 보드판을 보여준다.

⑥ 다 같이 정답을 확인하고 맞힌 팀에 점수를 준다.

⑦ 앞 사람은 맨 뒤로 가고, 그 다음 사람이 앞으로 나와 반복한다.

수업 Tip

"○○이가 봐요!", "○○이가 훔쳐봐요!"
무엇인가 만들거나 써서 맞히는 활동에서 자주 이른다. 정작 자기가 옆 사람을 의식하며 쳐다봤으면서 눈이 마주치면 훔쳐본다고 이른다. 간혹 정말 보는 아이들이 있긴 하다.
이때는 어떻게 해야 할까? 나는 아이들은 시선을 분산시킨다. 아이들 사이사이를 돌아다니면서 "자기 것에 집중하세요.", "친구가 쓴 게 틀릴 수도 있어요."라고 구시렁구시렁 중얼중얼 거리면서 돌아다닌다. 말하면서 돌아다니면 아이들의 시선과 귀가 나의 움직임과 목소리에 집중되어 남 탓할 틈을 놓친다.

수업 둘, 소리로 낱말 전달하기

① 짝꿍끼리 가위 바위 보를 한다.

② 가위 바위 보에서 이긴 사람은 국어 공책을 들고 뒤로 나간다.

③ 가위 바위 보에서 진 사람은 칠판 앞으로 나간다.

④ 옆 사람들과는 간격을 두고 선다.

⑤ 선생님이 앞에 있는 아이들에게 낱말카드를 하나씩 나눠준다.

⑥ 아이들은 낱말을 외워서 뒤에 있는 짝꿍을 향해 외친다.

⑦ 자기 짝꿍이 불러준 단어를 잘 듣고 받아쓴다.

⑧ 정답을 확인한다.

10팀 중 3팀만 불러준 단어를 정확히 듣고 썼다. 어떤 팀은 다른 팀이 외친 단어까지 썼다. 제시한 단어를 잘 읽어서 전달하고, 잘 듣고 쓰면 된다. 부드럽고 밝은 음악 소리를 낮게 틀어놓는다.

"조용히 해! 너 때문에 안 들리잖아!" 같은 불필요한 충돌을 없다.

수업 셋, 몸으로 낱말 보여주기

① 교과서에 있는 그림을 보고 떠오르는 낱말을 말한다. 또는 동물원, 놀이동산 사진을 사용하면 된다. 되도록 아이들이 많이 가고 싶거나 가봤던 장소의 장면이면 더 좋다.

② 교과서에는 거미, 나무, 나비, 참새, 제비, 구두, 지우개, 바구니, 바지, 모자가 그림과 글자가 있다.

③ 낱말 중 하나를 골라 몸짓으로 표현한다.

④ 한 아이가 몸으로 표현하면, 다른 아이들이 맞힌다.

4주 동안 손 한 번도 안 들던 아이가 발표를 했다. 모둠발로 폴짝 뛰다가 땅바닥에 납작 엎드리더니 얼음! 뭘까요? '거미'란다. 나무, 거미는 정지동작으로 그 형태를 표현하고 멈췄다. 참새, 제비, 나비는 대부분 비슷하게 맞힐 때까지 날갯짓으로 표현했다. 구두, 지우개, 바지, 모자 등은 직접 착용하거나 사용하는 상황을 보여줬다.

⑤ 맞히면 아이들은 해당 낱말을 보고 바르게 따라 쓴다.

"선생님! 내일도 이거 할 거예요? 또 해요!"
진짜, 별거 아닌 수업이었다.

라. 이름 쓰기

[2국05-03] 여러 가지 말놀이를 통해 말의 재미를 느낀다.
[2국03-01] 글자를 바르게 쓴다.

수업 하나, 도서관에서 새 이름 만들기

"어서와, 도서관은 처음이지?" 1학년에게는 모든 게 처음이다. 학교가 처음이니 당연히 실내 모든 공간도 처음이다. 학교 도서관을 덜 낯설고 빨리 친숙하게 만들기 위해, 가장 좋은 방법은 그곳에서 놀아보는 것이다. 많은 책 속에서 마음에 드는 자기 이름을 찾아보자.

① 수업준비 : 메모지, 네임펜, 빨래집게
② 도서관에서 책을 읽고 책 속에서 갖고 싶은 자기 이름을 찾는다.
③ 같은 책을 읽고 같은 이름을 골랐다면 나중에 정한 사람이 바꾼다.
④ 메모지에 새 이름을 써서 빨래집게로 옷에 고정한다.
⑤ 일러두기

"자기가 고른 새 이름을 오늘 학교가 끝날 때까지 사용합니다. 다른 친구들도 새 이름으로 불러주세요."

처음엔 소란스럽더니 이름을 정한 친구들이 늘면서 조용해졌다. 책은 되도록 끝까지 읽고, 왜 그 이름을 선택했는지 이유도 말할 수 있어야 한다. 한 달이 지나도 이름을 잘 못 외우더니 새로 찾은 친구 이름은 금방 외운다. 나도 이름을 찾았다. 리키! [내 귀는 짝짝이]의 토끼 리키다. 단 하루가 아니라 며칠 동안 계속 '리키 샘'으로 불렸다. 어떤 아이는 급식실 갈 때도 이름을 떼지 않았다.

아이들이 만든 이름은 [알렉산더 울프(아기 돼지 삼형제) 파랑이(꼬마 구름 파랑이) 반쪽이(반쪽이) 두꺼비(개구리와 두꺼비가 함께) 콸콸이(염소 삼형제) 소녀(성냥팔이 소녀) 바리데기(바리데기) 해(밤이 지나 아침에 비춰주는 해) 달님(하늘, 달님 안녕) 노랑이(교실, 파랑이와 노랑이) 우렁각시(우렁이 각시) 엘리자베스(종이봉지공주) 고양이(개와 고양이) 라푼젤(라푼첼)]로 시대, 성별, 종도 다양했다.

수업 둘, 좋아하는 물건 이름 쓰고 물건 그리기

① 수업준비 : 스티커, 종합장, 공책

② 좋아하는 물건을 몸짓으로 보여주기

- 자기가 좋아하는 물건과 이름을 정확히 생각해 놓는다.
- 한 명씩 나와 좋아하는 물건 형태나 사용하는 상황을 표현한다.

③ 몸짓 표현한 걸 맞추면 단어로 쓰기

- 말없이 컴퓨터를 켜고 자판을 두드리는 모습을 보여줬다. "컴퓨터요!"하고 맞히면 문제를 낸 사람이 칠판에 "컴퓨터"를 바르게 쓴다.
- 양손에 뭔가 움켜쥐고 버튼을 누르는 동작을 한다. "핸드폰"은 "땡"이라고 외치더니 "게임기"는 잠시 머뭇거리더니 "딩동댕"으로 정답처리를 해준다. 나에게 정확한 이름으로 "닌텐도 위치"라고 써도 되냐고 묻는다.
- 다른 아이가 나와서 왼쪽 손바닥을 펼치고 주먹 쥔 오른손으로 올려서 한두 번 움직인다. 일제히 더 큰 목소리로, 정답! 정답!을 외친다. "연필"을 바로 맞혔다. 아이는 몸집처럼 조그맣게 글자를 쓰고 들어간다.
- 무언가 두 손으로 잡고 발을 굴린다. 행동이 크다. 정답은 "킥보드"란다. 칠판에 바르게 쓰고 웃으면서 뛰어 들어간다.
- 양손을 옆으로 돌리고 점프를 한다. 마지막 정답은 다같이 외쳤다. "줄넘기!" 정답이다. 정작 칠판에는 "줄럼기"라고 쓴다. 수정해줬다.

④ 칠판에 써 놓은 글자들을 보고 잘된 점, 부족한 점 찾기

⑤ 공책에 물건 이름 쓰고 그림그리기

- 발표하지 않은 아이들도 좋아하는 물건 이름을 쓰고 그림을 그렸다.
- 남학생 한명은 자기가 쓸 이름이 아주 길어서 칸이 부족하면 어떻게 하냐고 질문을 한다. 그렇게 이름이 긴 물건이 있냐고 물어봤더니, 줄넘기, 컴퓨터, 액체괴물 등 좋아하는 게 많아서 다 쓰고 싶다고 한다. 아이는 자기가 좋아하는 물건을 여러 개를 그리느라 시간을 넘겼다.

⑥ 친구 그림과 글자 칭찬해주기
- 동료평가 받기(평가관점 : 글자 형이 바른가?)
- 칭찬스티커를 들고 글씨를 바르게 쓴 공책에 하나씩 붙여준다.

마. 문장 만들기

[2국03-02] 자신의 생각을 문장으로 표현한다.
[2국03-03] 주변의 사람이나 사물에 대해 짧은 글을 쓴다.

수업 하나, 그림(사진)보고 문장 만들기

① 그림에 어울리는 문장을 생각한다.
② 그림 한 장에서 여러 가지 문장이 나온다.
- 놀이터 사진이라면 '미끄럼틀은 재미있다.', '아이들이 놀고 있다.', '남자 아이가 친구를 쳐다본다.', '큰 나무가 서 있다.' 등 주변 설명이나 인물 행동과 관련된 문장이 나올 수 있다.
③ 생각한 문장을 몸짓으로 보여주면서 발표한다.
④ 생각한 문장이나 발표한 문장을 바른 글씨로 써서 붙인다.
⑤ 비슷한 문장끼리 분류해본다.

수업 둘, 계절 문장 몸으로 보여주기

① 여름과 관련된 문장을 생각한다.
② 교사가 시범을 보인다.
③ 생각한 문장을 몸짓으로 표현하면 다른 친구들이 문장으로 맞힌다.

자음, 모음, 한 글자, 두 글자, 단어 만들기, 받침까지 배웠다. 이제 문장을 만들어 가는 단계이다. 여름교과와 연계하여 문장을 만들어간다. 자유롭게 문장을 쓰기 전에 [나는 여름에 (　　)한다.]로 기본 문장을 익혀보기로 했다.

내가 먼저 보여줬다. 교실 밖으로 나가서 문을 열고 다시 들어와 편하게 교실 바닥에 앉았다. 리모컨을 작동하는 시늉을 한 뒤 갑자기 일어서서 머리를 풀어헤치고 두 손을 앞으로 뻗고 터벅터벅 걸었다. 같은 동작을 두 번 반복했다.

어떤 아이는 내가 문을 열자마자 "저요!" 한다.
"다 보고 하세요. 문장으로 말하세요. 여름에 하는 일입니다."
"좀비!"
"아니에요."
"선생님은 여름을 무서워한다."
"무서워하는 게 들어가지만 내가 표현한 것과 약간 다르단다."
"선생님은 여름에 영화를 본다."
"지금 말한 것과 무섭다는 것을 연결하면 정답이 나올 것 같아."
"선생님은 여름에 무서운 영화를 본다."
"정답!"

이제 아이들 차례다.
한 아이가 나와서 힘없이 툭 쓰러지더니 팔을 꽤고 옆으로 눕는다. 그리고 벌떡 일어나더니 무언가 마신다.
"텔레비전!"
"문장으로 말해요."
"○○이는 여름에 텔레비전 봐요."
아이는 정답이 아니란다.
"○○이는 여름에 더워서 자요."
아이는 또 정답이 아니란다. 보는 아이들도 의아해서 다시 되물었다.

"정답이 뭐니?"

"더워서 텔레비전 보다가 물 마셔요."

"아까 나온 것 같은데?"

"그런데 하나가 덜 나왔잖아요."

"넌 두 개를 보여줬구나. 하나라도 맞힌 □□이도 정답 반은 인정해주자."

터벅터벅 걸어 나와서 또 빙그르 돌더니 넘어진다.

"○○이가 더워서 쓰러졌어요."

아이는 땡이란다.

"○○이가 더워서 자요."

아이는 또 땡이란다. 몸짓 동작에 힌트가 부족해서 되물었다.

"그럼 뭐니? 상황에 어울리는 말을 하면서 다시 보여줘."

"음. 나는 더워서 갈비뼈가 녹아서 쓰러졌어요."

"아, 너무 더워서 몸 속 뼈도 녹았다는 거네."

"그런가 봐요."

무언가 집어서 손바닥에 올려놓는다.

"○○이는 여름에 벌레를 잡아요."

"벌레인데 다른 거요." 정답과 가깝지만 정답은 아니란다. 발표한 아이와 가깝게 지
내는 아이가 말한다.

"○○는 여름에 사슴벌레를 잡아요."

정답이었다.

어디엔가 전화한다. 그리고 문 쪽으로 가서 교실 문을 열고 무언가 받아들고 온다.
그리고 먹는다.

"○○이는 여름에 수박을 먹어요."

"땡! 그런데 먹는 건 맞아요. 그러나 수박은 아니에요."

"그럼 네가 그 과일을 말해줄래?"

"우리 가족은 여름에 자두를 먹어요."

다른 아이들이 맞히기도 전에 자기가 말해버렸다.

"자두를 택배로 시켜 먹는 거구나. 알았어. 자두 좋아하는 ○○이."

손부채를 하더니 문 앞으로 성큼성큼 걷는다. 그리고 책상 위에서 무언가 집어 드는 척하더니 문 쪽으로 손을 쭉 내밀고 잠시 멈춘다. 그리고 마신다. 아주 간결하면서 명확하다. 그래서 답도 바로 나왔다.

"○○이는 여름에 더워서 물을 마셔요."

한 아이는 털썩 주저앉아서 머리를 좌우로 왔다갔다 흔든다.

"○○는 여름에 선풍기를 틀어요."

그 외에 많은 아이들이 비슷한 듯 나름 다른 상황을 표현했다.

수업 셋, "누가 무엇을 합니다." 문장 만들기

① 몸짓을 보고 "누가 무엇을 합니다." 문장 만들기

② 선생님이 먼저 예시 보여주기 (선생님이 커피를 마십니다.)

③ 한 친구가 몸짓으로 보여주면 아이들은(무엇을), (합니다)를 자석 보드 2개에 하나씩 써서 붙이기

④ 몸짓으로 문제를 낸 친구가 붙인 자석보드 중 정답에 가깝거나 마음에 든 것 문장 고르기

⑤ 몸짓 하나, 문장 하나씩 정리하고 다 같이 큰 소리로 읽어보기

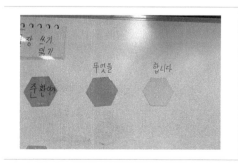

바. 말의 재미

수업 하나, 흉내 내는 말의 재미 알기(1단계)

① 통합교과 시간을 활용해서 친구가 흉내 내는 동물의 몸짓이나 소리로 동물 이름을 알아맞힌다.

② 보고 듣는 걸로 맞히기 어려울 때는 구체적인 움직임이나 울음소리를 힌트로 준다.

수업 둘, 흉내 내는 말 알아맞히기(2단계)

① 흉내 내는 낱말카드를 뽑아서 상황을 표현하고 낱말을 알아맞힌다.

② [쿨쿨]을 뽑은 친구가 곤하게 깊이 자면서 숨을 크게 쉬는 소리나 그 모양을 흉내 내면 다른 친구들이 어떤 상황이고 어떤 흉내 내는 말을 썼는지 맞힌다.

③ [주르륵]을 뽑은 친구가 미끄럼틀을 타는 흉내를 내면 마찬가지로 어떤 상황에 어떤 흉내 내는 말을 썼는지 알아맞힌다.

④ 정확성보다 그 상황에 어울리는 흉내 내는 말들을 만들어 본다.

[뿅], [대롱대롱], [깜짝], [살금살금] 등

수업 셋, 흉내 내는 말 넣어서 문장 만들기(3단계)

① 1, 2 단계 활동에서 만난 흉내 내는 말을 다시 활용한다.

② 미완성 문장에 흉내 내는 말을 넣어서 구체적인 문장을 만들어본다.

③ 문장이 자연스러운지 함께 읽으면서 확인한다.

비가 (   ) 내렸습니다.

비가 (주르륵) 내렸습니다.

강아지가 (   ) 잡니다.

강아지가 (쿨쿨) 잡니다.

스무고개, 수수께끼, 낱말 빙고게임, 가로세로 낱말 퍼즐, 초성게임처럼 국어 시간에 활용되는 놀이는 참 많다. 그 중 초성게임은 하나의 문제로 다양한 낱말들을 연상시키는데 도움이 되었다. 예를 들어 [ㄱ ㅇ ㅈ] 초성문제를 냈는데, 힌트를 달라고 하면 몸짓으로 보여주고 맞히게 한다. 멍멍 짖거나 네 발로 걷는 흉내를 내면 금방 [강아지]라고 쓴다. 다른 아이들도 자기가 좋아하는 대상 이름을 직접 초성으로 문제를 내고, 몸짓으로 힌트를 보여줄 수 있다.

2

몸으로 쓰는 그림일기

또 이른다. 1학년 담임이 힘든 이유 중 하나지 않을까 싶다. 적어도 나에게는 시도 때도 없이 이르는 아이들이 버거울 때가 많았다. 갑자기 툭 튀어나온다. 화가 난 건지, 짜증이 난 건지, 속상한 건지 명확하지 않다. '서운해요.', '당황했어요.', '놀랬어요.' 말 대신 "나빠요!"라는 하나의 말로 모든 감정이 표현되기도 했다. 그림일기는 1학년 국어활동의 결정판인 듯하다. 일기 속 글에는 사실과 생각을 구분해서 써야하며 그 생각에는 겪은 사실(사건, 일)에 대한 다짐, 느낌, 바램, 감정, 기분 등이 담겨야 한다. 그 생각과 느낌을 문장으로 표현할 수 있어야 한다. 그래서 그림일기를 쓰기 전에 생각이나 기분과 관련된 교육연극 수업을 먼저 진행했다.

수업 하나, 생각을 모으는 사람

[생각을 모으는 사람(모니카 페트, 풀빛, 2001)]은 부루퉁 아저씨가 주인공이다. 아저씨는 좋고 나쁜 생각 구별 없이 세상의 모든 생각을 모은다.

그림일기를 쓰기 전에 자신의 감정, 기분, 생각을 나타낼 다양한 단어들이 있다는 것을 그림책으로 접하고, 반복적으로 사용했다. 그러나 단어 분류 활동에 집중해서 부루퉁 아저씨가 하는 일, 생각을 대하는 자세,

책에 대한 아이들의 진짜 생각을 나누지 못해 아쉬웠다. 다시 수업을 수정한다면 아저씨 가방에 담긴 생각들이 구체적으로 어떤 상황에서 나타나는지, 또는 아저씨가 지금, 어디서, 어떤 생각들을 모으고 있을지 모둠별 즉흥극 발표를 넣겠다.

♬ 성취기준

[2국01-06] 바르고 고운 말을 사용하여 말하는 태도를 지닌다.

[2국05-02] 인물의 모습, 행동, 마음을 상상하며 그림책, 시나 노래, 이야기를 감상한다.

♬ 수업초점

① 이야기 속 주인공 도와주기

② 기분을 좋게 하는 말과 기분을 상하게 하는 말 구분하기

♬ 수업준비

① 기분 관련 낱말 카드, 분류 상자

② 이야기 속 아저씨 집과 마을 공간을 구분할 행거

③ 책상을 조금 뒤로 밀어서 교실 앞 공간 비워두기

♬ 수업내용

	활동		
1	• 연극적 약속하기	• 그림책	
2	• 생각을 모으는 사람 만나기		
3	• 기분을 좋게 하는 말, 상하게 하는 말 분류하기		
4	• 마무리 및 소감나누기		

누가	어떤	역할	소품
아이들	부루퉁 아저씨가 사는	마을의 아이들	–
교사	생각을 모으는	해설자, 부루퉁 아저씨	외투, 가방

활동1 연극적 약속하기

① 주인공 추측하기

그림책 속 부루퉁 아저씨 얼굴을 보여주며 아저씨 모습은 어떤지, 무슨 일을 할지 물어봤다. 가방을 들고 있는 것을 보고 장사하는 사람, 도둑이라고 한다.

② 이야기 속에서 지킬 약속

- 선생님이 외투를 입으면 부루퉁 아저씨가 된다.
- 선생님이 행거를 통과하면 이 공간은 아저씨가 일하는 마을이 된다.
- 아저씨는 6시에 일하러 나타난다.

활동2 생각을 모으는 사람 만나기

아이들이 "댕, 댕, 댕" 종소리를 여섯 번 외쳐주면 나는 외투를 걸치고 부루퉁 아저씨가 된다. 행거를 통과하여 마을로 들어간다.

① 부루퉁 아저씨 첫 번째 만남

역할 내 교사가 가방을 하나 들고 마을로 들어온다.

"아이고 이 마을은 정말 조용하군. 오늘은 어떤 마음의 말이 있을까? 여기에 말이 있나?"

귀를 기울이는 시늉을 했다.

"안 들리는 군. 저기 있나?"

일부러 아이들 가까이 가서 듣는 척 한다.

"없으니, 오늘은 그냥 가야겠다."

느릿느릿 터벅터벅 칠판 앞으로 걸어가서 외투를 벗고 아이들에게 질문을 했다.

"여러분 아저씨는 무슨 일을 하죠?"

"여러분에도 마음의 말이 있을 거예요. 여기 바구니에 여러 가지 마음의 말이 있는데 어제 소풍이 어땠는지, 친구가 어떤지, 내 마음이 요즘 어떤지 잘 생각해보고 하나씩 가져가세요."

뒤에 서서 친구들이 기다리는 데도 빨리 가져가지 않고 바구니 속 낱말을 들었다 놨다 한다. 어떤 아이는 낱말을 들더니 무슨 뜻이냐고 물어본다.

② 부루퉁 아저씨 두 번째 만남

"아저씨가 또 올 거예요."

아이들이 자동으로 6시 종소리를 외쳐준다. 외투를 다시 걸친 나는 행거를 통과해서 마을로 들어왔다.

"오 이제야 들리는군. 마음이 17개(해당 학급 아이들 인원수)나 있구나. 다 가져가야겠다. 마음의 소리야! 가방으로 들어오렴."

책에서는 아저씨가 휘파람으로 생각들을 부른다. 휘파람을 불지 못하는 나는 손짓으로 대신했다. 아직 아이들이 내 신호를 이해하지 못했다. 내가 손짓으로 가방으로 들어가는 시범을 보여줬다.

"안 들리나? 다시 한 번 해야지, 마음의 소리야! 가방으로 들어오렴."

한두 명이 긴가민가하며 갖고 있던 낱말카드를 가방에 넣었다.

"다 들어 와라! 어떤 마음은 날아오는구나. 어떤 마음은 뛰어오는구나. 어떤 마음은 어이쿠 나랑 부딪히네."

아이들은 내가 말 한 대로 낱말 카드를 가지고 자유롭게 걸어 나와 가방에 넣었다. 다 모았다며 마을을 떠나려 하자 아이들이 갑자기 6시를 울린다. 부루퉁 아저씨를 보내기 싫었나 보다.

활동3 기분을 좋게 하는 말, 상하게 하는 말 분류하기

계속 역할 내 교사로 머물면서 가방 속에 있는 낱말 카드를 다시 꺼냈다. 그리고 바구니 두 개를 준비하여 기분별로 분류했다.

① 감정별로 분류하기

"이제 일 좀 해볼까? 기분을 좋게 하는 말이랑 기분을 상하게 하는 말을 나눠야겠네. [사랑해] 이건 기분을 좋게 하는 말이구나. 여기 노란 상자에 넣자. [짜증나] 이것도 기분을 좋게 하는 말인가? 아이고 헷갈려."

일부러 틀리게 말했다. 의도대로 아이들은 틀렸다며 발을 동동 구르고 어이없어 한다. 몇 명 아이에게 도와달라고 했다. 서로 도와준단다. 결국 모두 나와서 파란색 상자에는 기분 상하는 말, 노란 상자에는 기분 좋은 말로 분류했다.

② 기분 상하는 말 씻기

파란색 상자에 담긴 기분 상하는 낱말들을 어떻게 할지 물어봤다. '버리자', '태우자', '찢어 버리자'라는 의견이 대부분이었다. 정말 꼭 필요한 경우를 위해 따로 보관

하기로 했다.

"그냥 두면 더 기분 나쁜 말로 변할 수 있을 것 같은데 어떻게 할까?"

"냉장고에 넣어요. 비누로 씻어요. 봉지에 넣어요."

우리는 씻기로 했다. 대신 종이여서 정말 씻을 수 없으니 씻는 척하며 다시 상자에 넣었다. 도와줘서 일이 쉽게 끝냈다는 인사를 하고 아저씨는 행거를 통해 마을을 떠났다.

활동4 **마무리 및 소감 나누기**

나도 역할을 벗고 분류한 카드로 마무리 활동을 했다.

① 노란색 바구니의 기분 좋은 말을 칠판에 붙여서 오래 오래 기억하고 사용하기로 약속하기

② 기분 좋은 말 더 많이 찾아보기 (최고예요. 참 잘했어요. 힘내요. 사랑해요. 예뻐요. 엣헴 엣헴 신이나!)

③ 짝꿍을 기분 좋게 할 수 있는 말 해보기

④ 선생님 기분도 좋게 할 수 있는 말 들려주기

⑤ 활동 소감나누기

- 선생님이 부루퉁 아저씨가 되는 것은 훌륭했다.

- 벽을 부수고 통과하는 게 좋아서 다음에도 똑같이 하고 싶다.

- 잠자는 게 재미있다. 잠자라고 할 때 진짜 자고 싶었다.

- 기분 상하는 말을 흔들어 씻는 게 재미있었다.

- 부루퉁 아저씨가 6시가 되면 나와서 이야기 하는 게 웃기다.

수업 둘, 그림일기 쓰기

[2국03-04] 인상 깊었던 일이나 겪은 일에 대한 생각이나 느낌을 쓴다.

1학기는 내용과 어울리는 그림을 그리고, 그림일기에 들어가야 할 형식을 아는 정도였다면 2학기는 좀 더 자기의 이야기와 생각이 드러나게 쓴다. "좋다, 싫다, 나쁘다."에 머물렀던 생각을 극화 활동으로 더 구체적으로 표현할 수 있도록 연습했다. 어

느새 아이들은 글로 자기의 하루를 표현할 수 있었고 자기 하루를 극으로 보여 줄 수 있었다.

활동1 그림일기 공유하기

전날 그림일기 숙제를 내줬다. 모둠별로 일기를 읽어준다. 그림도 보여준다. 그림은 즉흥극 장면 중 하나로 표현되기 때문에 모둠 작품을 결정할 때 큰 역할을 한다. 일기 중에서 가장 재미있거나 인상적인 것을 하나 고른다.

활동2 그림일기 즉흥극 만들기

선택한 일기 내용으로 역할을 나눈다. 일기를 썼던 주인공이 즉흥극 속에 꼭 나와야 하지만 일기 주인이 극의 주인공일 필요는 없다. 그러나 대부분 쓴 사람과 주인공은 같았다.

활동3 몸으로 만든 그림일기 보여주기

[초밥 먹은 날], 몸으로 보여준 일기 중 하나이다.

제목 : 초밥 먹은 날

오늘 오랜 만에 아빠가 외식을 하자고 하셨다. 나는 초밥이 먹고 싶다고 했다. 아빠와 나는 초밥을 먹으러 갔다. 초밥을 맛있게 먹었다. 아빠랑 자주 초밥을 먹고 싶다. 초밥은 진짜 맛있다.

외식한 날은 일기 주제로 인기가 많다. 아빠와 주인공이 손을 잡고 교실 한 바퀴 돈다. 집에서 식당까지 가는 거리와 걸린 시간을 표현하는 것이다. 다른 아이 한 명은 처음부터 바닥에 엎드려 있다. 아직은 역할이 명확히 드러나지 않는다. 또 다른 아이는 식당 주인이다.

"초밥 2인분이요."

주문을 받은 식당 주인은 엎드린 아이 등 위로 몸을 겹친다. 식당 주인이 초밥 2인 분으로 역할이 바뀌는 지점이다. 처음부터 엎드린 아이는 식당 탁자였다. 상황 속에서 역할이 자연스럽게 드러난다. 아빠와 주인공은 손가락을 젓가락처럼 만들어서 등을 콕콕 집으며 맛있게 먹는다.

"맛있겠다. 나도 초밥 좋아하는데."

"먹고 싶다."

앞에서 보고 있던 아이들이 중얼거린다.

한 명이 겪었던 외식한 그날은 모둠별 즉흥극으로 전체가 공유할 수 있었다.

이야기극화 수업으로 그림책 읽기

1학년과 그림책은 친하다. 책 속에 그려진 인물들과 사건들은 1학년 교과 내용을 풀어내기에 적합하다. 앞에서 만났던 그림책이 수업 소재나 동기유발 자료로 사용되었다면 지금 만나는 그림책은 인물과 사건들을 직접 겪어볼 수 있는 이야기극화활동으로 펼쳐진다.

이야기(그림책) 선택하기

이야기 선택은 간단하다. 선생님도 아이들에게도 흥미 있는 이야기를 택한다. 아이들이 표현하고 움직일 수 있는 요소가 있으면 더 좋다. 1학년 아이들이니까 반복적인 움직임이 있으면 괜찮다. 재미있고 매력적인 이야기를 찾는 게 극화 설계보다 더 중요하다. 좋은 이야기는 극화뿐만 아니라 더 다양한 수업으로도 만들어진다. 나는 사람보다 동물이 주인공인 책이 좋다. 그림책 속 이야기를 활용한다는 것으로 지금 자신의 상황과 거리두기를 충분히 할 수 있다. 그러나 주인공이 사람이 아니라 동물이라면 자신과 더 분리시킬 수 있다. 좀 더 편견 없이 주인공을 대할 수 있다.

그림책에서 찾은 수업 아이디어를 아래 표처럼 따로 모아놓을 정도로 극화수업은 재미있다.

제목	내용	끌리는 부분	교육연극
나무 도둑	종이비행기 1등을 해야 하는 나무도둑 곰!	알리바이, 비행기 날리기, 단서로 범인 찾기	알리바이 몸짓표현 112에 신고
두더지 고민	친구를 찾고 싶어 하는 두더지의 고민	눈덩이를 굴릴 때마다 다른 동물들이 쏙 들어감. 모두가 친구가 되어 놀기	두더지 빈 의자 다른 동물들의 흉내내기, 뒷이야기 상황극

이 책에 등장하는 그림책 목록을 소개하겠다. [세상 끝에 있는 너에게(저자 고티에 다비드, 마리 꼬드리, 역자 이경혜, 모래알, 2018)]처럼 낭독극으로, 교과 수업활동을 위한 소재로, 온전히 그림책 전체를 체험하는 극화수업으로 사용되었다.

교육연극 수업에 사용한 그림책 목록		
책	**활용**	**쪽수**
1 슈퍼 거북	슈퍼 거북 이야기극화 체험하기 슈퍼 거북에게 선물 주기	187
2 이름보따리	이름보따리 이야기극화 체험하기 주인공 이름 만들어주기	192
3 아기 늑대 세 마리와 못된 돼지	이야기극화 체험하기 친구가 되려면 어떻게 해야 할지 알아보기	197
4 세상에서 제일 힘센 수탉	감정을 표현하며 대화를 나누기 수탉과 그 가족이 되어 극화 체험하기	202
5 고양이는 나만 따라해	고양이와 주인공 흉내 내기 상대방 몸짓 그대로 따라 하기	206
6 세상 끝에 있는 너에게	그림책 읽기 관객 참여형 낭독극 발표하기	221
7 나는 이야기입니다.	공동이야기 만들기 동기유발 자료	61
8 수박 수영장	수박수영장 만들기 동기유발 자료	79
9 나무도둑	나무도둑 이야기극화 체험하기 종이비행기 날려보기	119

가. 쉬어도 괜찮아. 슈퍼 거북!

누구나 알고 읽지 않아도 많이 보고 들어서 익숙한 이야기, 토끼와 거북이의 뒷이야기를 아이들과 상상해서 만들어보자. 그 내용으로 극화 수업을 만들 수 있다. 그러나 우리에게 유설화 작가의 슈퍼 거북과 슈퍼 토끼가 있다. 우선 슈퍼 거북 그림책은 극화하기에 참 좋다. 슈퍼 거북의 훈련과정은 아이들을 자발적인 참여와 적극적인 움직임으로 이끌 수 있다. 또 주인공이 느끼는 압박과 스트레스는 아이들도 겪어봄직한 것들이다. 슈퍼 거북이로 살아보고 다시 거리두기를 해서 거북이를 달래고 위로하게 하는 수업을 만들었다.

🎵 성취기준

[2국05-02] 인물의 모습, 행동, 마음을 상상하며 그림책, 시나 노래, 이야기를 감상한다.
[2국05-05] 시나 노래, 이야기에 흥미를 가진다.

🎵 수업초점

① [슈퍼 거북(유설화, 책읽는 곰, 2014)] 이야기극화 체험하기
② 자기 다짐 글로 쓰기

활동		
1	토끼와 거북이 이야기 만나기	
2	슈퍼 거북 환영 행사 만들기	
3	슈퍼 거북 훈련시키기	
4	쉬어도 괜찮아, 슈퍼 거북	

누가	어떤	역할	소품
아이들	훈련할 때는	슈퍼 거북	하얀 색 머리띠
	슈퍼 거북이 쉴 때는	동네 동물	–
교사	대회에서 이기도 돌아온	슈퍼 거북	–

활동1 토끼와 거북이 알아보기

"토끼는 평소에 어떻게 걸을까요?"

책상 자리에서 일어나서 토끼처럼 폴짝 뛰기도 하고 달리기도 한다.

"거북이는 어떻게 걸을까요?"

다시 자리에 나와서 거북이처럼 느리게 걷거나 기어 다닌다.

"둘이 달리기 대회를 하면 누가 이길까요?"

"거북이가 이긴 시합이 있어요."

이솝우화 토끼와 거북이에 대해 간단히 이야기를 주고받은 뒤 슈퍼 거북 이야기 속으로 들어갔다.

활동2 슈퍼 거북 환영 행사 만들기

슈퍼 거북 환영 준비

"우리의 영웅, 슈퍼 거북이가 올 거예요. 마을 동물들은 거북이가 오면 어떻게 할까요? 어떻게 축하해 줄까요?"

싸인 받는다, 사진 찍는다, 선물을 준단다. 한 아이가 결투를 한다고 해서 거북이가 그건 원하지 않을 것 같다고 말렸다. 아이들은 종이에 그린 선물, 사물함에서 꺼낸 크레파스와 사인펜, 슈퍼 거북이에게 싸인 받을 종이도 챙겼다. 사진을 찍겠다는 아이들은 문 앞에서 거북이가 들어올 때까지 기다리기로 했다.

"이제 선생님이 슈퍼 거북이 되어 마을로 들어 올 거예요. 들어오면 축하해 주세요." 반에서 가장 장난스러운 2명에게 내 보디가드가 되어 달라고 부탁했다. 우리 셋은 복도에서 나란히 걷는 연습도 했다.

슈퍼 거북이 환영하기

나와 아이 둘은 복도로 나갔다가 슈퍼 거북이와 보디가드가 되어 다시 들어왔다. 너무 조용했다. 이럴 때 역할 내 교사의 첫 마디가 중요하다.

"여러분! 여러분!" 외치면서 아이들을 집중시켰다.

"제가 1등을 했어요. 토끼를 이겼다고요!" 보디가드만 내 옆을 지키고 있다. 아직 다가오는 아이들이 없다. 더 적극적으로 외쳤다. 어떻게 움직일지 힌트를 넣어서 외쳤다.

"나를 위해 이렇게 모인 거예요? 내 이름도 보이네요. 와! 감동이에요. 감사합니다!"

드디어 움직인다. 슈퍼 거북 이름을 쓴 종이를 흔들기 시작했다. 눈치를 보던 아이들이 한두 명씩 나와서 싸인 해달라고 하고, 자기 색연필과 사인펜을 선물로 준다. 보디가드 두 명이 옆에 있어서 받은 선물들을 맡기고 난 계속 교실을 누비며 사인했다. 사진 찍는 아이를 만나면 모델 포즈도 취했다.

"얼음! 환영행사는 끝났어요. 슈퍼 거북도 집으로 돌아갔어요. 마을 동물 모두 집으로 돌아가 잡니다. 자리로 돌아가서 자면 됩니다."

아이들은 책상으로 돌아가 엎드리고 나도 교실 앞 의자에 앉았다.

집에 온 거북이 속마음

역할 내 교사(슈퍼 거북)는 불안한 마음을 아이들에게 털어놓는다.

"1등은 1등인데 불안해. 토끼가 안자고 뛰었다면 내가 어떻게 이기겠어. 다른 동물들이 혹시 날 비웃으면 어떡하지? 가짜 1등이라 놀리면 어떡하지?"

아이들에게 거북이가 어떤 상태인지 물어봤다.

"좋아요.", "걱정 되요.", "기뻐요.", "토끼가 다시 뛰자 할까봐 겁나요."라고 이야기한다. 슈퍼 거북이 역할을 벗은 나는 아이들에게 이야기 속 거북이의 결심을 전달했다.

"거북이는 열심히 노력해서 빨라지기로 결심했단다."

활동3 **슈퍼 거북 훈련시키기**

훈련 다짐쓰기

"거북이가 정말 빨라지기 위해 무엇을 해야 할까? 우리가 거북이를 위해서 훈련 계획을 세워보자."

아이들은 자석보드에 [운동, 간식 줄이기, 자전거, 태권도, 달리기, 100년 헬스] 등 다양한 방법들을 적어 붙였다.

"이렇게 열심히 꾸준히 하면 토끼처럼 빨라지겠죠? 지금부터 여러분이 슈퍼 거북이가 되어서 연습을 할 거예요."

하얀 색 머리띠를 하나씩 나눠줬다. 머리띠에 훈련을 열심히 받겠다는 다짐을 쓰도록 했다. 글씨가 맞는지 틀리는지, 받침이 뭔지 확인하려고 나오는 아이들이 있다.

[일주일씩 운동하자, 빠르게 달리자, 간식은 먹지 말자, 운동하자, 태권도, 파이팅! 잘하자. 힘내자.]

각자 쓴 머리띠를 묶고 슈퍼 토끼가 된 아이들은 훈련 받을 준비를 한다.

 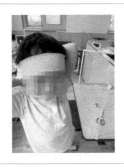 

슈퍼 거북 훈련 받기

복도에 있는 넓은 공간으로 이동하는데 남
자 거북이가 군대처럼 해달란다.

"전체 차렷! 일어서! 앉아!"

다들 알아서 줄도 잘 맞추고 척척 말도 잘
듣는다.

"팔 운동! 하나 둘 셋 넷 다섯 여섯 일곱 여
덟! 다리 운동!"

준비운동을 하면서 그 자리에서 훈련코스 3개를 만들었다.

- 멀리 뛰기 하기

- 콘 돌면서 지그재그 이어달리기

- 두발 한발 정해진 길 정확한 동작으로 걷기(기록재기)

마지막은 장애물도 있고 개별 기록을 재기 때문에 긴장했다. 기록이 나오기 전까
지 누가 잘했는지도 모를 텐데 발동작을 실수하는 등 꽤 긴장한다. 마지막 훈련은 아
이들 호응이 너무 좋아서 한 번 더 반복했다.

활동4 쉬어도 괜찮아. 슈퍼 거북

슈퍼 거북이 고민 듣기

교실로 돌아온 아이들은 머리띠를 벗고 자리에 앉는다. 아이들은 금세 땀을 흘린
다. 슈퍼 거북 다음 이야기를 들려줬다.

"슈퍼 거북이는 오늘도 뛰고, 잠도 안자고 뛰고, 밥 먹으면서 뛰었어요. 너무 피곤
했어요. 그래도 또 뛰었어요. 선생님이 다시 슈퍼 거북이가 되어서 들어 올 건데 고민
한 번 더 들어볼래요?"

역할 내 교사로 슈퍼 거북이 되어서 힘든 점을 이야기 했다.

"자고 싶어. 탕수육이랑, 빵이랑, 케이크도 먹고 싶어. 주말에 영화도 보고 쉬고 싶
어. 그리고 전처럼 천천히 걷고 싶어. 너무 힘들어. 어떡하지?"

어떤 아이는 거북이 자신을 지키라고 한다. 밥 먹고 푹 쉬라고 한다. 더 열심히 해

서 꼭 이기라고 하는 아이도 있다.

"하지만 토끼가 다시 달리기 시합 신청을 했단 말이야! 나 또 운동해야 해. 이러고 있으면 안 돼!" 하면서 교실 밖으로 비틀거리면서 나갔다. 문을 열고 다시 들어왔을 땐 난 역할을 벗은 선생님이다.

슈퍼 거북 선물 주기

"거북이는 시합을 잘 참여했을까요? 이겼을까요? 졌을까요?"

슈퍼 거북의 경기는 그림책으로 정리했다.

"훈련에 지친 거북이는 시합 당일 날 너무 피곤해서 잠이 들었고 토끼가 이겼어요. 거북이가 실망했을 거라고? 아니요. 꿀잠을 잤어요. 행복하게 잠을 잤답니다. 정말 편안해 보이네요. 그 동안 고생한 거북이에게 무엇이 필요할까요?"

아이들은 거북이기 푹 쉴 수 있게 맛있는 것도 주고, 푹 잘 수 있게 흔들의자나 침대도 주자고 했다. 발표한 내용을 바탕으로 각자 보드판에 거북이에게 줄 선물을 글이나 그림으로 그렸다. 활동2에서 훈련으로 채워진 보드판을 떼고 선물을 붙였다.

"슈퍼 거북 푹 쉬어라!"

[토끼를 해치는 무기, 자유, 자유, 책, 흔들의자, 침대, 케이크]

나. 내 이름을 만들어줘! 이름보따리

아이들의 이름은 자기이름 꾸미기, 자기이름 푯말 만들기, 초성으로 친구이름 맞히기, 친구이름 빙고게임처럼 놀이와 수업 소재로 활용된다. 본 수업에서 아이들은 이름이 없다. 이름을 찾으러 늑대를 만나야한다. 늑대 집까지 가는 길을 험하고 위험할 수 있다는 분위기를 주고 싶어서 책걸상을 움직여 교실을 낯설게 만들었다. 또 가상의 인물도

만들었다. 새롭게 등장한 엄마는 극 속에서 아이들이 안전하게 이름을 찾아올 수 있도록 도와준다.

♬ **성취기준**

[2국03-01] 글자를 바르게 쓴다.

[2즐01-01] 친구와 친해질 수 있는 놀이를 한다.

♬ **수업초점**

① [이름 보따리(장클로드 무를르바, 문학동네)] 이야기극화 체험하기

② 주인공 이름 만들기, 바른 글씨로 쓰기

♬ **수업준비**

① 이름 보따리 책, 이름을 쓸 종이와 펜, 천 주머니

② 교실 공간 만들기-책상은 교실 뒤 쪽으로 밀어둔다. 의자는 꺼내어서 숲으로 가는 길을 만든다. 마킹테이프로 늑대 집을 따로 표시한다.

♬ **수업내용**

	활동		
1	• 극에 들어갈 준비하기	• 자기 이름 쓰기	
2	• 이름 찾으러 숲 속으로 떠나기	• 행거	
3	• 늑대에게 이름 받기		
4	• 늑대 이름 만들어 주기		
5	• 마무리 및 반영		

누가	어떤	역할	소품
아이들	이름 없는	아기 동물들	−
교사	아기 동물들	엄마	−
	이름을 나눠주고 자기이름은 없는	늑대	천 주머니

활동1 극에 들어갈 준비하기

① 이름 써서 보따리에 넣기

자기 특징이 나타나게 '○○한 누구'처럼 쪽지에 써서 천 주머니에 넣기

② 공간 정하고 역할 만들기

"교실은 숲이야. 우리는 숲속에 사는 동물이야. 이제 각자가 무슨 동물이 될지 정할 거예요. 너는 무슨 동물이니?"

고양이가 가장 많았다. 새끼 사자, 새끼 강아지도 있었다. 가장 많이 나온 고양이로 통일하려고 했는데 싫다고 한다.

"그럼, 각자 생각한 동물로 있자. 그래도 우리는 한 집에 살고 있으니까 한 가족이야. 그리고 선생님은 너희 모두의 엄마야. 이제 시작합시다!"

활동2 이름 찾으러 숲 속으로 떠나기

이름 없는 아기 동물들

"야! 야! 야! 이리 와봐." 아이들은 앞으로 모였다. 일부러 "야!", "아니, 너!" 이런 식으로 이름이 없다는 것을 알렸다.

"너무 많아서 이름 짓는 걸 깜빡했어. 엄마가 미안해. 이름이 없으니까 너무 불편하구나. 지금이라도 이름을 만들어야 하는데 어떡하지? 좋은 이름을 주고 싶은데 엄마가 너무 바쁘구나. 참! 이름을 만들어주는 늑대가 있다는데, 공짜로 준다고 하네." 내가 잠시 고민하는 척 하자 아이들이 "전화해요! 오라고 해요! 우리가 가요! 그냥 내가 지어요!" 한다.

이름 찾아 숲으로

"늑대 집에 가는 길은 험해요. 강도 건너야 하고 늪도 있고 악어도 있어. 조심히 가렴, 서로 도와주고."

행거를 세워 놓았다. 숲으로 들어가는 입구다. 행거를 통과해 숲으로 들어간다. 입구는 좁다. 한 명씩 들어갈 수밖에 없다. 자연스럽게 차례를 지킨다. 의자, 책상을 밟고 지나가야 한다. 처음엔 머뭇거리다가 한 명이 올라가니 그 다음부터 줄줄이 따라간다. 뛰거나 웃거나 장난치는 아이도 없다. 한 발 한 발 조심스럽게 움직인다.

의자를 길게 붙여 공간을 만들고 아이들을 이동시켰다. 안전하게 잘 갈까 걱정되었다. 하지만 깊은 숲이라는 고요한 이미지, 의자와 책상 밑이 늪이기 때문에 조심히 건너야 하는 안내가 아이들을 조심스럽게 만들었다. 다 건넜을 때 내쉬는 한숨이 얼마나 진지하던지.

　다 건너온 첫 번째 아이가 늑대 집 앞에 대기하자 다른 아이들도 그 주변에 모인다. 거의 다 모였을 때 웅성웅성 시끄럽기 시작했다.

활동3 이름 받기

"어? 무슨 소리지? 시끄러우니까 잠을 잘 수 없잖아."

늑대집 앞에서 뭘 해야 할지 모르고 모여 있던 아이들은 시끄럽다는 내 소리에 조용해진다.

"나를 만나러 왔으면 초인종을 눌렀겠지."

내 의도를 알아차린 한 아이가 입말로 "딩동" 한다.

나도 얼른 "누구세요?" 했다.

"우와, 이름 받으러 온 애들이구나. 들어와." 서로 내 앞에 앉으려고 난리다.

"왜 이름을 얻으려고 해?"

"이름이 없으니까 왔지!" 당연한 걸 물었다. 주머니에 있던 이름들을 꺼내어 읽어주면 그 중 마음에 드는 것을 가지고 가렸더니 대부분 자기이름을 받아갔다.

남학생 이름에는 외모 특징이 잘 나타나 있었다.

[키가 큰 ○○, 장난꾸러기 ○○, 이상한 ○○, 똑똑한 ○○, 씩씩한 ○○, 힘센 ○○, 키 큰 ○○, 사랑 ○○, 키 작은 ○○, 씩씩한 ○○]

하지만 여학생 경우는

[예쁜 ○○, 피부가 뽀얀 ○○, 천사 ○○, 귀염둥이 ○○]식으로 나왔는데, 가장 많은 이름은 예쁜 누구였다.

활동4 늑대 이름 만들어 주기

늑대 이름은 없잖아!

아이들은 받은 이름을 주머니에 넣거나 손에 꼭 쥐었다. 이야기 책 내용처럼 늑대는 자기 이름을 찾기 위해 보따리를 뒤지고 탈탈 털어보였다. 이름 종이가 없다. 이름이 없다고 화내고 우는 시늉을 했다.

"이름이 없어! 이름 다 나눠주면 나도 이름을 가질 수 있다고 했는데, 내 이름만 없어."

이름을 받아서 미션을 완료했다고 마음을 놓고 있던 아이들은 갑작스러운 늑대의 태도에 놀라는 듯 했다.

"이름 얻으려고 동물원이랑 아프리카까지 가서 다른 동물들에게도 이름을 줬단 말이야. 그런데 내 이름이 없으니까 너무 속상해. 속상해!"

아이들이 나를 달랜다.

"우리가 네 이름 만들어 줄게."

다른 아이들도 같이 만들어 준다고 한다. 운이 좋았다. 만약 이 수업을 하는 선생님 교실에 이런 아이가 없으면 "너희가 내 이름을 대신 만들어주면 안될까?"하고 부탁하면 된다.

늑대 이름 만들어주기

아이들은 책상으로 가서 나(늑대)에게 줄 이름을 써서 왔다. 나는 빨래집게로 이름을 옷에 붙이며 고마워했다. 그리고 아이들에게 집으로 무사히 잘 돌아가라고 인사를 했다. 늑대 집이 처음 시작했던 지점이라 바로 칠판 앞으로 갈 줄 알았는데 반대로 되돌아갔다. 의자 밟고 책상 밟고 산 건너 물 건너서 힘들게 집으로 다시 돌아갔다.

나에게 붙여준 이름은 [똥을 많이 싼, 착한, 무서운, 예쁜, 천사, 착한, 장난꾸러기, 사랑, 똑똑한, 키 큰, 밥 잘 먹는, 잘 웃는] 이주진이라는 이름을 선물 받았다. 가장 많은 이름은 [예쁜 이주진]이다.

활동5 마무리 및 반영

극화 속에서 나오기

아이들은 엄마를 만난다. 늑대에서 엄마로 역할을 다시 바꾼 나는 아이들이 찾아온 이름을 한 번씩 불러주고 마무리 했다.

느낌 나누기

- 선생님한테 이름 붙이는 것도 재미있었다.
- 늑대 집에 가는 길에 중심을 잡기가 힘들었다. 그리고 재밌었다.
- 늑대 집에 갈 때 밑을 보니 진짜 늪 같았다. 그래서 앞을 보고 똑바로 걸었다.
- ○○가 선생님의 마음을 봐서 놀랐다.
- 늑대에게 이름표를 준 게 너무너무 재미있었다.

다. 아기 늑대 세 마리와 못된 돼지 이야기

'왜, 너는 우리를 괴롭히니?', '늑대와 돼지가 친구가
될 수 있을 것 같아?' 아이들은 생활하면서 자신의 의
도와 달리 친구를 불편하게 한 경우가 종종 있었을 것
이다. 그 속에서 발생되는 오해와 다툼이 어떻게 풀리
는지, 서로 다른 사람끼리 어떻게 친구가 될 수 있는지
에 초점을 맞춰 이야기를 풀어갔다.

♫ 성취기준

[2국01-04] 듣는 이를 바라보며 바른 자세로 자신 있게 말한다.

[2국03-02] 자신의 생각을 문장으로 표현한다.

[2국03-04] 인상 깊었던 일이나 겪은 일에 대한 생각이나 느낌을 쓴다.

♫ 수업초점

① [아기 늑대 세 마리와 못된 돼지(헬렌 옥스버리, 시공주니어, 2006)]이야기극화 체험

② 늑대와 돼지가 되어 쫓고 쫓기기

③ 하루 일이 잘 드러나게 일기쓰기

♫ 수업준비

집을 나타내는 훌라후프, 튼튼한 집을 그릴 그림도구

활동		
1	• 이야기극화 준비하기	• 그림책
2	• 늑대 형제 집 그리기	• 그리기 도구
3	• 못된 돼지가 쫓아와요!	
4	• 왜 우리를 쫓아오는 거야?	
5	• 돼지와 늑대 춤을 추다.	

누가	어떤	역할	소품
아이들	돼지를 피해 도망가는	늑대들	–
	늑대보고 자꾸 놀자고 하는	돼지	–
교사	–	해설자	–

활동1 이야기극화 준비하기

이야기 일부분 들려주기

그림책은 마지막 두 페이지를 남겨두고 처음부터 다 읽어주었다. 익숙한 아기돼지 삼형제 이야기와 비교하며 읽었다.

"너희가 알고 있는 돼지들 집은 어떤 집이었지?"

시작부터 벽돌집이 나오니까 뜻밖이라는 표정이다. 도대체 그 다음엔 무슨 집이 나올 것인지 기대한다. 꽃으로 집을 짓는 부분까지 읽어주었다.

그 뒤에 어떻게 되었을지 물어봤다. "돼지가 집을 날려 이긴다.", "꿀만 빨아먹고 간다.", "늑대구이를 만들 것 같다."라고 말한다.

활동2 늑대 형제 집 그리기

3명이 한 모둠이 된다. 늑대 3형제가 되어 집을 그린다. 4절지에 크레파스로 이야기 속 늑대들이 살 수 있는 집을 그리도록 했다. 남학생은 날아다니는 요술 방방이, 괴물 부하, 대포, 전자문, 다이너마이트, 레이저, 미사일 등이 나왔다.

자기 모둠 그림에 대한 설명이 넘친다. 신났다. 반면 여학생들은 무기 같은 건 없었다. 리본, 꽃, 무지개 벽돌 등 예쁘게 꾸몄다.

활동3 못된 돼지가 쫓아와요!

홀라후프가 집이다. 큰 사이즈가 좋다.

"이제 여러분이 그려놓은 집을 상상하며 홀라후프 속으로 들어가세요."

네 모둠이 4개 홀라후프 속에 각각 들어갔다. 돼지가 나타날 때마다 1모둠은 2모둠 집으로, 1, 2모둠은 다음 3모둠 집으로 1, 2, 3 모둠은 4모둠 집으로 도망간다. 발하나만 들어가도 잡히지 않는다. 집 안에 있는 사람이 밖에 있는 사람을 잡아줘도 산다. 내가 못된 돼지로 역할 내 교사로 들어가려했다. 그런데 한 아이가 자기가 하고 싶단다. 돼지 역할을 맡은 아이가 잡을 준비를 한다.

늑대는 "똑똑똑" 문을 두드리는 소리가 시작되면 바로 도망가고, 돼지는 "똑똑똑" 소리가 다 끝나야 잡으러 갈 수 있다고 약속했다.

선생님 설명에 맞춰 쫓고 쫓기면 된다.

"돼지가 혼자 돌아다녀요. 그러다 늑대 집을 발견하고 문을 두드립니다. 똑! 똑! 똑!"
다행히 1모둠 모두 안전하게 집으로 들어갔다. 바로 옆에 다른 집이 있기 때문에 쉽게 잡히지는 않는다.

"다 도망갔네요. 돼지는 포기하지 않고 그 다음 집으로 갑니다. 똑! 똑! 똑!"

계속 반복했다. 좁은 교실에서 정말 열심히 도망간다. 한 아이는 3모둠으로 가야하는데 급한 마음에 4모둠으로 도망갔다. 홀라후프에 있는 아이들은 같은 늑대라고 "이리와라, 얼른 와라." 외치면서 적극 도와준다.

4번 째 홀라후프에는 다 들어가지 못하고 한 발 겨우 넣어서 살았다.

"모두 다 무사 했네요. 이제 홀라후프 집은 끝났어요. 돼지가 또 오면 어떡하죠? 돼지는 왜 우리를 쫓아다닐까요?"

활동4 왜 우리를 쫓아오는 거야?

이야기 속 못된 돼지는 마지막까지 늑대 형제의 집을 부수고 괴롭힌다. 돼지를 맡은 아이는 빈의자에 앉았다. 늑대 아이들도 자리에 앉아서 돼지와 이야기를 해보기로 했다. 그림책도 봤고 앞에서 쫓고 쫓기는 경험을 나눴기 때문에 늑대 입장에서 다양한 질문을 했다. 돼지 김○○도 역할에 집중하며 대답을 했다.

실제 핫시팅 질문과 대답

왜 폭탄을 설치했니? - 너희들을 맛있게 먹으려고.

왜 우리를 괴롭혀? - 너희들 끌고 와서 우리 집 짓게 하려고.

우리가 꽃집 지으면 어떻게 할 거야? - 꿀만 먹고 갈 거야.

너는 돼지 친구하고도 막 싸우니? - 난 친구 없어.

늑대랑 친구 될 거야? - 늑대가 적인데 어떻게 해?

왜 우리를 따라다녀? - 고기 튀김 먹게.

너! 가족은 있어? - 없어, 엄마 돼지와 독립 했어.

우리를 죽이면 기분이 좋아?

- 고기 만들어야 하니까.

너 심심하지? - 응, 친구 없어.

혼자 있을 때 뭐해? - 너희를 어떻게 괴롭힐지 작전을 짜.

사자를 잡지 왜 우릴 잡어? - 너희가 어리니까 약하잖아.

"금방 돼지랑 나눈 이야기처럼 돼지는 계속 늑대를 쫓아다닐 것 같아. 이야기 마지막 꽃집만 남았는데, 다시 역할로 돌아가서 확인해볼까요?"

얼른 칠판에 꽃을 그려서 이야기 마지막 장소를 만들었다.

"돼지랑 늑대 준비되었나요? 다시 시작합니다. 똑! 똑! 똑!"

아이들 모두 뛰어 칠판 앞으로 모였다.

"쉿! 돼지는 쿵쿵쿵 집 앞까지 왔어요. 화가 났나 봐요. 그런데 쿵! 쿵! 쿵! 꽃냄새를 맡았어요. 기분이 좋아졌나 봐요. 갑자기 춤을 추었어요."

돼지 아이는 눈을 감고 흔들흔들 춤을 춘다. 아이들은 이야기의 결말에 어이없어 하다가 돼지 김○○의 능청스러운 연기에 웃는다.

"그 모습을 본 다른 늑대들도 모두 나와서 춤을 추었어요."

나도 돼지 옆에서 같이 춤을 추니 아이들도 다같이 춤을 춘다. 모두 춤을 추며 이야기도 끝나고 극화도 끝났다.

돼지와 늑대 삼형제가 친구가 될 수 있었던 장소를 기념하기 위해 아이들은 칠판을 꽃 그림으로 가득 채웠다.

느낌 나누기

모두 자리에 앉아 느낌을 나눴다.

- 늑대가 돼서 도망갈 때 재밌었어요. 돼지 김○○이가 잘했어요.

- 끝날 때 돼지와 친구가 돼서 싸우지도 않고 기분이 좋았다.

- 돼지가 날 잡을까봐 겁났다.

- 돼지가 언제 우리 집에 올까 궁금했다.

- 늑대 잡는 게 힘들었지만 집을 망가뜨린 게 재미있다.

- 우리가 한 것 중에 제일 재미있었다.

다 돼지 덕분이었다. 그냥 돼지가 잘 뽑혔다. 이 돼지 아이 덕분에 적당한 긴장을 유지하며 재미있게 움직일 수 있었다. 돼지 아이는 보조리더 이상의 역할을 해냈다.

우리 둘은 파트너였다. 후속 활동으로 쓴 일기는 돼지와 늑대 입장이 잘 드러났다.

김○○의 일기 (돼지 역할)

〈제목 : 슬프다.〉

나는 친구가 없어서 심심해서 온 건데 걔네들이 안 놀아준다. 그래서 집을 부순 거지만 심심해서 꽃향기를 맡는 연기를 했다. 근데 결국 친해져서 놀았다. 뭐 하고 놀았냐면 공놀이를 했다.

심○○의 일기(늑대 역할)

〈제목 : 돼지랑 늑대랑 친구가 되었다.〉

돼지랑 늑대가 친한 친구가 되었다. 늑대랑 돼지가 싸우는 일이 없었으면 좋겠다. 그래도 친한 친구였다. 그래서 돼지랑 늑대랑 공놀이를 했다. 앞으로도 돼지랑 늑대랑 친했으면 좋겠다.

임○○의 일기(늑대 역할)

〈제목 : 이상한 날〉

꽃으로 꽃집을 만들었어요. 돼지가 와서 집으로 들어갔는데 춤을 추어서 깜짝 놀랐어요. 그래서 돼지랑 같이 춤추었어요. 쉽게 친구가 돼서 너무 기뻤어요. 새로운 친구가 생긴 거예요! 그래서 너무 너무 기뻐요. 많이많이 놀았어요.

라. 세상에서 제일 힘센 수탉

[세상에서 제일 힘센 수탉(글 이호백, 그림 이억배, 재미마주, 1997)]은 수업거리가 많다. 팔씨름(겨루기 놀이), 가족 행사 및 예절, 상황에 따른 말하기, 감정 전달하기, 인물의 삶 등 교과내용과 놀이를 그대로 살려서 담을 수 있다. 가장 흥미로운 팔씨름 대회를 개최하여 주인공 수탉을 공개 선발했다. 또한 극 속에서 삼대를 꾸려 나이가 든 수탉의

환갑잔치를 할 때는 대가족의 시끌벅적함과 정겨움이 느껴졌다.

♪ 성취기준

[2국01-03] 자신의 감정을 표현하며 대화를 나눈다.

[2즐06-03] 여러 가지 민속놀이를 한다.

[2슬03-02] 나와 가족, 친척의 관계를 알고 친척과 함께 하는 행사나 활동을 조사한다.

♪ 수업초점

① 기분에 따른 표정과 몸짓하기

② 상황에 따른 말하기

♪ 수업내용

누가			
1	• 연극놀이 및 역할 입기		
2	• 닭 팔씨름 대회 – 주인공 수탉 등장		
3	• 이웃 마을 수탉과 겨루기 – 주인공 실패		
4	• 수탉 환갑잔치	• 색깔 천	

누가	어떤	역할	소품
아이들	한 마을에 사는	닭, 수탉 가족들	색깔 천
	세상에서 제일 힘센	수탉	–
교사	이웃마을 힘센	수탉	소매걷기

활동1 연극놀이 및 역할 입기

알 – 병아리 – 닭 게임으로 몸 풀기

처음엔 모두 '알'이 된다. '알'끼리 가위 바위 보를 해서 이기면 '병아리'가 된다. '병아리'끼리 가위 바위 보를 해서 이기면 '닭'이 되고 거기서 지면 다시 '알'이 된다. '닭'끼리 가위 바위 보를 해서 이기면 '사람'이 된다. 사람이 되면 선생님 옆에 이긴 순서대로 선다. 두 번 정도 게임을 반복하고 자리로 돌아간다.

이야기 속 역할 입기

"교실 바닥은 마당이고 책상은 지붕입니다."

아이들에게 공간을 알려준다. 아이들은 알이 되어 바닥에 웅크리고 있다가 선생님의 해설에 따라 움직이면서 이야기로 들어간다.

교사 해설 : 모두 알이 됩니다. 아직 움직이지 않아요. 그대로 멈춰있어요. 따뜻한 봄입니다. 알에서 깨어납니다. 껍질을 툭툭 치고 깨어납니다. 이제 병아리가 되었어요. 병아리들은 삐약삐약 웁니다. 마당을 빠르게 걸어봅니다. 느리게 걸어봅니다. 어느새 큰 수탉이 되었어요. 수탉은 지붕위로 올라갑니다.(책상을 가리킨다.) 꼬끼오! 사람들을 깨웁니다. 다시 밤이 되었습니다. 바닥에 내려와 잠을 잡니다. 다시 아침이에요. 오늘도 지붕에 올라가서 꼬끼오! 사람을 깨웁니다."

울음소리도 흉내 내고 책상 위를 오르락내리락하는 반복적인 활동에 재미있어 한다. 그리고 아이들은 이야기 속 수탉이 되었다.

활동2 닭 팔씨름 대회-주인공 수탉 등장

"이제 주인공 수탉을 뽑을 거예요. 이 주인공은 팔씨름을 잘해야 해요."

남학생, 여학생끼리 따로 겨뤄 한 명씩 뽑는다. 다시 결승에서 이긴 아이가 주인공이 된다. 우리 반은 여학생이 남학생을 물리쳐 주인공 수탉이 되었다.

"대회에서 진 동네 수탉들은 기분이 어떨까요?"- 분해요

"암탉들은 어떤 반응일까요?"- 반했어요! 졸졸 따라다니기. 좋아해요, 사랑해요.

결혼해주세요.

"이 수탉의 기분은 어떨까요?" - 좋아요. 신나요, 기뻐요.

활동3 이웃 마을 수탉과 겨루기 - 주인공 실패

"그러던 어느 날 이웃 마을에서 키 큰 수탉이 찾아왔어요. 주인공에게 팔씨름을 하자고 했어요. 이제 선생님이 이웃마을 큰 수탉이 될 거예요. 그리고 주인공이랑 팔씨름을 할 거예요."

소매를 걷어 올렸다. 진짜 주인공 수탉과 팔씨름을 했다. 그 아이 정말 셌다.

"주인공 수탉은 이웃 수탉에게 졌어요. 주인공은 어떻게 되었을까요?"

- 슬퍼요. 화나요. 우울해요. 도망가고 싶어요.

"안타깝게 너무 속상해서 가장 술을 잘 마시는 수탉이 되었어요. 시간이 흘러서 점점 늙었어요. 목소리도 잘 안 나와요. 고기도 못 씹어요. 수탉의 기분은 어떨까요?

- 슬퍼요. 나빠요.

"슬퍼하는 수탉에게 어떤 말을 해줄 수 있을까요? 수탉을 알고 있는 주변 사람이나 가족이 되어 말을 해볼까요?

- 여보, 힘내세요. 술 끊으세요. 슬퍼하지 마세요. 건강하세요.

활동4 수탉 환갑잔치

"얼마 후 수탉이 환갑을 맞았어요. 환갑은 60살 생일이에요. 태어날 때처럼 화창한 봄날이었어요. 이제 잔치를 해볼까요?"

모두 수탉의 가족이 된다. 아이들은 각자 잔치에 입을 옷을 보자기와 색깔 천으로 차려 입었다. 수탉, 암탉 부부도 책상을 두 개 붙이고 의자에 앉아 아들 손자를 맞을 준비를 했다.

1분단은 손자손녀가 되고 2, 3분단은 아들딸이 되어 한 줄로 서서 차례로 절을 한다.

"어머님 아버님 오래오래 사세요."

"할아버지 할머니 오래오래 사세요."

느낌 나누기

"환갑을 맞은 수탉 기분이 어떨까요?" - 너무 좋아요. 행복해요. 최고예요.

이야기극화 활동에서 느낀 점을 나누며 수업을 마무리 했다.

- 알, 병아리, 닭 놀이가 재미있었다. 왜냐하면 '알알알, 삐약삐약, 닭닭닭' 소리를
내며 돌아다녀서 재미있었다.

- 나는 팔씨름에 져서 분했다. 하지만 오늘 놀이는 재미있었다.

- 기분이 좋다. 왜냐하면 손자, 손녀가 많아서

- 팔씨름할 때 거의 이겼는데 누가 가까이 와서 입 냄새가 나와서 졌다.

- 병아리가 재미있었고, 옷 입는 게 재미있었다.

마. 고양이는 나만 따라해

아이들은 따라 하기를 참 좋아한다. 모방에 대한
욕구가 강하다. [고양이는 나만 따라해(권윤덕, 창비,
2005)]책에서 고양이와 나, 두 명이 등장한다. 다른
동물에 비해 고양이의 움직임이 조심스럽고 조용하
기 때문에 학급 아이들 전체가 움직여도 소란스러
움이 덜하다. 선생님이나 친구들을 따라할 수 있도
록 공식적으로 허락해주니 맘껏 즐긴다.

♫ 성취기준

[2국05-05] 시나 노래, 이야기에 흥미를 가진다.

♫ 수업초점

① 상대방 몸짓 그대로 따라 하기

② 이야기를 듣고 생각이나 느낌말하기

♫ 수업준비 : 1인 신문 1장 또는 보자기

① 이야기 들려주기

그림책을 처음부터 쭉 보여주며 읽어줬다. 아이들은 이야기를 살펴보면서 고양이와 '나'의 관계를 파악한다.

② 연극적 약속하기

"그림책 그대로 따라해 볼 거예요. 짝이랑 한 팀이 되어서 움직일 거예요. 그런데 우리가 안전하고 재미있게 움직이려면 지켜야할 약속이 있어요."

- 고양이는 고양이처럼 움직이기
- 주인공 '나'는 고양이에게 다정하게 대하기
- 서로 때리거나 기분 나쁜 행동 하지 않기
- 교실은 고양이와 '나'가 사는 집이라고 믿기

③ 고양이처럼 움직이기

처음엔 모두 고양이가 되어서 선생님의 설명과 신호에 따라 흉내 내본다.

- 고양이처럼 움직여 보세요. 고양이는 소리가 나지 않아요.
- 고양이처럼 울음소리도 내보세요.
- 고양이처럼 얌전하게 잠을 자요.

④ 고양이와 아이로 따라 하기

짝꿍끼리 가위 바위 보를 해서 역할을 정한다.

"아이 역할은 맡은 친구들이 자유롭게 움직여보세요. 주변 친구와 부딪히지 않게 해주세요. 고양이가 따라할 수 있게 간단하고 위험하지 않은 동작이어야 합니다."

아이들은 기어가거나, 책상 위에 오르는 행동을 했고, 고양이들이 따라한다.

⑤ 마주 보고 이야기

"아이는 고양이에게 왜 따라하냐고 물어보세요."

아이들이 고양이가 어떻게 말할 수 있냐고 묻는다. 우리는 무엇이든 할 수 있다고 했다. 지금부터는 고양이도 사람 말을 할 수 있으니 서로 이야기를 나누라고 했다. 친구가 없고 배가 고파서 밥 달라고 따라 다닌 거라고 한다.

"여기 신문지(보자기)가 이불이에요. 아이가 먼저 들어가요. 그 다음 고양이도 따라 들어가요. 한 잠 푹 자고 일어나세요."

아이들은 정말 잘 잤다는 듯이 기지개를 펴고 나온다.

⑥ 역할을 바꿔서 처음부터 반복했다.

⑦ 생각과 느낌을 나누며 마무리 했다.
- 책상 밑에 숨는 게 조마조마했다.
- 신문지로 이불 덮고 자는 게 재미있었다.
- 고양이가 너무 어려운 동작을 해서 따라 하기 힘들었다.
- 날 따라하고 하지 말라고 했는데 고양이가 말을 듣지 않아 혼내줬다.

아이들은 수수께끼다. 예측불허다. 아이들을 통제할 여러 가지 장치를 수업 중간 곳곳에 넣어도 작동하지 않을 때가 있다. 다행히 아이들의 움직임을 제어할 방법이 있다. 작지만 효과적이다. 적절한 억양과 분위기로 말해보자.

"얼음!"

"이제 밤이에요."

"이제 잠이 듭니다."

"도와주세요!"

"엉엉. 흑흑" - 울어버리면 아이들이 당황한다.

"몰라요. 뭐예요?" - 떼쓰고 모른 척 한다.

"쉿! 무슨 소리가 들리는 것 같지 않아요?"

"맞춰보세요!"

이제 어떻게 사용되었는지 잠깐 볼까요?

"얼음!"

아이들이 우르르 몰려오거나 어수선할 때 "얼음!"하면 아이들은 멈춘다. 그리고 그 다음 지시를 이어간다.

"이제 밤이에요.", "이제 잠이 듭니다."

역할에 몰입하여 정신없는 상황을 정리해야 할 때, 다음 활동을 위해 분위기를 환기 시켜야 할 때, "이제 밤이 되었습니다. 이제 잠이 듭니다."라고 하면 세상 평화로울 수가 없다. 이 때 상황을 정리하고 그 다음 할 일을 조용히 안내하고 준비시킨다.

"도와주세요."

문제해결이 필요하고, 아이들이 갖고 있는 정보나 지식을 사용하도록 유도할 때는 선생님이 이곳 사람이 아닌 전혀 다른 곳에서 온 인물이 되어 "도와주세요."하면 아이들은 적극적으로 나선다. "왜?" 호기심을 갖고 내 옆에 모이면 그 시선을 그대로 이끌고 현재 처한 어려움을 조곤조곤 말한다. 그러면 도와준다. 해결 해준다. 호기심도 많고 돕기 좋아하는 아이들. 그게 우리 1학년이다.

"엉엉. 흑흑"

나는 가끔 울기도 한다. 울면 아이들이 떠들다가도 멈춘다. 긴장한다. "왜 울어?" 묻는다. 그 작은 아이들이 큰 덩치를 물끄러미 보며 집중한다. 눈물이나 콧물을 닦는 시늉을 하면 계속 홀짝이며 이유를 말해준다. 그리고 도움을 청하면서 다음 활동으로 유도한다.

"몰라요!"

또는 떼를 쓰고 모른 척한다. "이거 어떻게 읽어요? 나는 하나도 모르겠는데." 떼쟁이가 된 선생님의 모습에 아이들은 당황한다. 한심해하는 표정도 있지만 "뭘 도와주면 돼? 왜 못 읽어?"하면서 도와주려 한다. 내가 외국인이 되어 라면 봉지를 들고 아이들에게 갔다. "나 외국사람! 이거, 라면 먹고 싶은데 이거 어떻게 먹어?"하고 물어봤다. 아이들이 봉지 뒤를 보란다. "나, 한글 몰라!" 읽을 줄 모른다고 했다. 아이들이 내게 한 줄 씩 읽어도 주고, 어떻게 끓여먹는지 요리법도 말해줬다.

"보고, 맞춰보세요!"

연극놀이를 퀴즈 형태로 연결시키면 효과적이다. 정답을 맞히려는 의욕이 넘치는 아이들, 친구들 표현에 집중한다.

"조용히 걸어 나옵니다."

활동을 멈추게 하는 "얼음"과 달리 진행 중에 아이들 움직임을 제어할 수 있다. 이때 나도 자세를 낮추고, 조심스럽게 걸으면 아이들이 자연스럽게 나를 따라한다. 예를 들어, 숲 속 동물 잔치에 초대된 아이들이 너무 소란스럽다면 이 말을 덧붙이면 된다. "여기는 아주 예의바르고 점잖은 동물들이 사는 숲 속인가 봐요?" 해당 극 속에서 무엇이 요구되는지, 자기들이 어떤 인물이 되어야 하는지 눈치를 챘다.

그리고 수업 시작할 때 항상 외치는 말!
"우린 어디든 갈 수 있고, 무엇이든 될 수 있다."

·4부·

1학년도 만드는
작은 연극

작은 연극이란 교육연극에서 사용하는 전문 용어는 아니다. 우리 아이들은 연극이라 하면 무대, 조명, 분장, 의상 등을 생각한다. 이 책에서 나는 일정한 스토리를 기반으로 한 번 이상의 연습을 한 뒤, 등퇴장이 정확히 있는 교실 내 연극을 '작은 연극'이라고 표현했다. 1학년이어서 그들이 만든 작품을 '작다'라는 말로 축소하려는 의도는 없다. 아이들에게 '작은'이라는 단어는 참여하는데 부담을 줄이고 우리가 하고 있는 게 단순한 놀이나 즉흥극 그 이상의 격식을 갖춘 '연극' 활동이라는 점에서 으쓱해진다.
"우리 연극한다!"

1

교실에서 뚝딱! 그림자극

국어 교과서에는 옛이야기가 많다. 그 중 해님달님 그림자판 네 장이 교과서 부록으로 소개되어 있다. 그림자극 활동은 부담스럽다. 다른 교육연극 활동에서는 아이들의 '몸'이 준비물이라면 그림자극은 전기(광원), 그림판, 막 등 사용할게 많다. 이 세 가지가 갖춰져야 그림자극이 된다. 우리 교실에는 암막커튼도 없고, 조명등도 없다. 그나마 과학실에서 빌려온 손전등이 제 기능을 발휘하려면 흐린 날을 기다려야 한다. 별도 구입 없이 주어진 조건에서 해보자. 광목천은 그림자극 스크린으로도 사용할 수 있지만 비싸다. 그림자극을 자주 할 것이 아니면 전지나 교실 벽, 창가 블라인드를 이용해도 좋다. 스크린 재질보다 광원의 세기를 높이는 게 더 효과적이다.

♬ 성취기준

[2국02-05] 읽기에 흥미를 가지고 즐겨 읽는 태도를 지닌다.

[2국03-04] 인상 깊었던 일이나 겪은 일에 대한 생각이나 느낌을 쓴다.

[2국05-01] 느낌과 분위기를 살려 그림책, 시나 노래, 짧은 이야기를 들려주거나 듣는다.

♬ 수업초점

① 그림판에 어울리는 대사 쓰기

② 모둠별로 협력하여 그림자극 만들어 보여주기

♬ 수업준비

따로 준비할게 없다. 그림판을 색칠할 네임펜, 과학실 손전등을 모둠 개수에 맞게 빌려온다.

	활동 내용	
1	• 해님 달님 옛이야기 듣기	
2	• 그림자극 대본 만들기	• 문장을 쓸 수 있는 아이 1명은 있어야 함.
3	• 모둠별로 그림자극 연습하기	
4	• 그림자극 발표하기	• 목소리팀, 조명팀
5	• 마무리	

활동1 해님 달님 옛이야기 듣기

아이들도 잘 알고 있는 내용이다. 그림자극을 위한 대사를 써야하니 한 번 더 들려주거나, 애니메이션이나 인형극처럼 다른 형식으로 만들어진 자료를 보여준다.

활동2 그림자극 대본 만들기

1모둠에 4명씩이다. 교과서는 각자 갖고 있으니 그림판도 4세트나 된다. 필요한 건 2세트. 한 세트는 그림자극 그림판으로 쓴다. A4종이를 반으로 접고 왼쪽에 다른 그림판 2장씩 붙이고 대사를 쓴다. [등장인물 : 등장인물이 하는 말] 형식으로 쓰게 했다. 모둠에서 문장을 잘 쓰는 아이가 대본을 맡아서 한다.

"선생님! 이야기 바꿔도 돼요?"

"그림에 어울리게 바꿔도 됩니다."

그러나 대부분 주인공 이름만 바꿀 뿐 내용은 그대로 유지했다. 그림판을 뜯어 붙여 대사를 쓰고 연습 및 발표까지 총 3시간이 걸렸다. 하지만 그 누구도 언제 쉬는 시간을 하냐고 묻

216 우리들은 1학년, 교육연극을 만나다

지 않았다.

다행이도 밖은 아직도 비가 내리고 흐리다. 그림자극하기 참 좋은 날이다.

활동3 그림자극 연습하기

조명(그림)팀과 목소리 팀으로 나눴다. 조명 팀은 그림판과 손전등을 이 벽 저 벽 비춰가며 그림자가 선명하게 잘 나올 수 있는 방법을 직접 찾아 다녔다. 대사와 그림 자를 맞추는 연습도 여러 번 반복했다. 과학실 손전등 불빛이 약한 경우 핸드폰에 있 는 비상등을 이용할 수도 있다.

활동4 그림자극 발표하기

관객석과 공연구역을 나눠서 마킹테이프를 붙였다. 목소리로만 연기할 아이들은 교사용 마이크를 사용했다. 모둠별로 활동을 마치고 들어오고 나갈 때 밝은 경음악 을 틀어주면 어수선함을 덜 느낀다. 옛날이야기 경우, 영화 전우치OST를 많이 활용 한다. 긴 대사보다 짧은 대사가 명쾌하고 지루함도 덜했다. 그림자가 약한 모둠도 있 었다. 그림판은 떨리고 벽에서 자꾸 벗어났다. 마이크를 사용했더니 약간의 울림(에 코)이 있었지만 오히려 예스럽고 묘한 분위기가 나왔다. 마이크 덕분에 크게 읽어야 한다는 부담 없이 평소 자기 목소리 톤으로 편안하게 말했다.

어떤 모둠은 혼자 그림판과 조명을 조정했다. 한 손은 그림판, 다른 손은 조명. 혼자서도 충분했다. 그림판에 색을 칠해 놓으니 흑백보다 호랑이와 엄마의 캐릭터가 더 선명해졌다. 자기 모둠과 다른 그림판에 "우와" 소리가 나온다. 그 뒤 나머지 모둠도 한 사람이 그림판을 조정하고, 조명도 핸드폰 비상등으로 바꾸었다. 훨씬 진하고 커졌다.

똑같은 그림판으로 같은 이야기를 발표하니까 아이들도 대충 볼 줄 알았다. 조용히 본다. 뒤척임이 없다. 관객들 시선이 그림자에 쏠려서 일까? 대본을 읽는 아이들도 목소리에 집중하다보니 호랑이의 거친 목소리, 오누이의 조심스럽고 다급한 목소리가 잘 표현된다.

활동5 마무리하기

여섯 모둠의 발표가 다 끝났다. 아직도 비가 온다. 아이들이 제안을 한다.

"그림자도 직접 만들고 싶어요. 다른 이야기를 만들고 싶어요."

교과서 부록만 활용한 1학년의 그림자극이다. 어설플 수도 있다. 그러나 아이들은 스스로 칭찬한다. 자기들이 더 잘했다고 자랑이다.

- 우리가 직접 대본 만들어서 발표하니까 재밌었다.

- 창의력이 좋아진 것 같다.

- 조용하고 집중하니까 좋았다.

- 우리가 직접 마이크 대고 말하니까 좋았다.

- 신기했다. 그림자에 손전등을 대는 게 신기했다.

- 긴장되었다. 틀릴까봐 긴장되었다. 재미는 있었다.

- 안 움직이고 대본만 읽는 게 좋았다.

- 관객들도 보고 있고, 그림자도 나오고, 진짜 무대에 있는 것 같았다.

그림자연극 소감을 그림일기로 쓰게 했다.

\# 나는 학교에서 그림자 연극을 했다. 4모둠부터 시작했다. 보통이었다. 1모둠이 했다. 잘함이었다. 2모둠이 했다. 매우 잘함이었다. 3모둠이 했다. 잘함이었다. 내 차례다. 긴장이 되도 용기내서 해봤다. 친구들이 박수를 쳐주었다. 정말 재미있었다.

오늘 학교에서 그림자 연극을 했다. 승○이는 핸드폰을 들었다. 관○, 주○이랑 나는 대본을 읽었다. 불빛을 대보니 그림이 나오는 게 신기했다. 관○는 해설, 호랑이를 했다. 나는 엄마 그리고 여자아이를 했고, 주○이는 남자아이를 했다. 재미있었다.

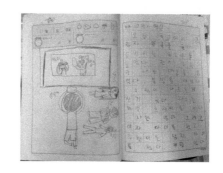

오늘 그림자 연극을 했다. 나는 조명을 들고, 은○는 그림을 들었다. 용○와 정○이는 목소리를 담당했다. 아이들 앞에서 연극을 할 때 긴장이 되었다. 그래도 연극수업이 재밌었다.

2

교실에서 뚝딱! 낭독극

6학년 연극단원에 등장하는 낭독공연, 1학년 교과서에는 목소리 연극으로 나온다. 몸짓에 대한 부담도, 외워야한다는 부담 없이 편하게 즐길 수 있다.

[2국02-02] 문장과 글을 알맞게 띄어 읽는다.
[2국02-05] 읽기에 흥미를 가지고 즐겨 읽는 태도를 지닌다.

가. 낭독극 시작은 어떻게 할까?

① 도서관에서 그림책 고르기

- 책은 인물과 사건이 분명하고 대화 문장이 많이 나오는 게 좋다.

- 대사가 짧은 것이 좋고 서사 위주의 이야기는 피한다.

- 보통 4명으로 구성된 교실 모둠원을 고려하여 등장인물이 많은 것 보다 3~5
  명 정도가 적당하다.

② 그림책이 여러 권 비치되어 있지 않은 경우, 복사해 주기

③ 1인 낭독, 2인 낭독, 모둠 낭독 형식 중 선택해서 발표하기

- 대사가 있는 인물로 역할을 나누고, 일반 문장은 해설로 읽게 한다.

- 동작 없이 실감난 목소리로 읽는다. 읽고 또 읽어서 준비시킨다.

나. 교과서로 낭독극하기

국어활동에 나와 있는 이야기 자료도 좋다. 국어 교과서나 국어활동에 있는 이야기를 일반 문장과 대화문장으로 역할을 나누어서 읽는다.

우선 모두가 책을 갖고 있어서 따로 구입하거나, 복사해줄 필요가 없다. 인물과 대사로 구분이 되어 있지 않은 건 번호로 누구의 말인지 표시한다. 역할을 정한 뒤 각자 해당 번호만 읽으면 된다. 자기가 읽어야 할 대사는 자로 반듯하게 밑줄을 긋게 해 놓는다. 글을 못 읽는 아이가 참여를 원할 경우, 선생님이나 도움을 줄 수 있는 친구가 나란히 앉아서 한 줄 씩 따라 읽게 한다. 칠판에 발표순서도 쓰고, 의자도 놓고 등퇴장 음악도 틀어준다. 등장할 때는 볼륨을 크게 해놓고 소리가 점점 줄어들면 시작하게 한다.

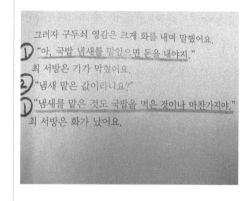

다. 그림책을 활용한 낭독공연 예시

낭독극 하나, 관객 참여시키기

우리 지역 도서관에는 그림책 전시, 북아트, 작가 만나기 등 도서관련 행사가 많았다. 전문 배우들의 그림책 낭독공연도 그 중 하나였다. [세상 끝에 있는 너에게(저자 고티에 다비드, 마리 꼬드리, 역자 이경혜, 모래알, 2018)]는 참 인상적이었다. 관객이 낭독자로 참여했다. 그림책 주인공 곰이 새에게 쓴

편지를 관객에게 나눠준다. 그리고 관객들이 편지를 보낸 순서대로 읽는다. 아이들이 제법 글을 잘 읽을 때 쯤 학부모 공개수업으로 진행해도 된다. 선생님이 곰이 되어 첫 편지를 시작하고 그 다음 아이와 부모에게 편지를 전해주고 읽게 한다.

낭독극 둘, 인물 한 두 명과 해설이 있는 이야기

[고라니 텃밭(김병하, 사계절, 2013)]은 주인공 아저씨와 해설 한 명이 나온다. [꽃을 선물할게(강경수, 창비, 2018)] 이야기도 곰과 무당벌레와 해설이 나온다. 이런 그림책은 특정 인물에 의존하지 않고 중간 중간 등장하는 해설로 흐름을 차분하게 유지시키고 극 속 맥락을 보완해준다.

낭독극 셋, 인물 둘이 대사를 주거니 받거니

[똑똑해지는 약(마크 서머셋, 북극곰, 2020)] 이야기에서 염소와 타조 둘은 서로 속고 속인다. 학생들이 타조를 맡고 선생님이 염소 역할을 맡아 그림책 대사를 주고받으며 책을 읽는다. 인물의 성격과 상황을 파악해 놓으면 역할 나눌 때 도움이 된다. 짝끼리 역할을 나눠서 읽는다.

[왜냐면(안녕달, 책읽는곰, 2017)] 이야기는 엄마와 딸 두 역할로 나눠서 묻고 답하면 된다.

[곰돌이 팬티(투페라 투페라, 북극곰, 2014)] 경우 팬티를 잃어버린 곰과 같이 찾으러 다니는 생쥐가 나온다. 짧은 해설이 있어서 진행이 지루하지 않다.

낭독극 넷, 인물 대사와 함께 흉내 내는 말 읽어주기

[쉿쉿(김춘효, 비룡소, 2009)] 경우는 인물과 흉내 내는 말이 반복적으로 나온다. 인물 이외에 흉내 내는 말을 효과적으로 소리 낼 수 있는 별도의 낭독자를 뽑는다. 이 낭독자가 흉내 내는 말과 그에 어울리는 동작을 함께 표현하면 관객들에게 보는 즐거움도 준다.

라. 낭독공연 만들 때 준비하면 좋은 사항

① 그림책을 굳이 각색하거나 변형할 필요는 없다.

② 역할 표시는 의상이나 분장보다 라벨지에 이름을 써서 가슴에 붙인다.

③ 책 내용과 어울리는 배경음악을 낮게 틀어준다.

④ 무대는 관객과 가깝게 준비한다. 마이크가 있어도 가까이 앉도록 한다. 일반 낭독공연도 무대와 관객은 꽤 가깝다.

⑤ 배경화면으로 그림책 화면을 갈무리해서 책장 넘기는 것처럼 만들어도 좋다. 그러나 너무 빠른 화면 전환은 소리보다 눈에 집중하게 만든다. 책 표지와 주요 몇 장면, 마지막 슬라이드에 출연 아이들 이름 정도 넣어둔다.

⑥ 커튼콜도 연습해서 공연을 확실히 닫는다.

3

오물조물 인형극, 가면극

가. 아이들 혼자서도 만들 수 있는 손인형

국어교과서 부록으로 손가락에 끼우는 종이인형, 종이 가면, 역할 머리띠, 가슴에 붙이는 역할 스티커가 있다. 부록을 뜯다가 종이가 찢어지지만 않는다면 아이들도 혼자서 쉽게 만들 수 있다. 머리에 흘러내리지 않게 테이프로 잘 붙여주면 될 뿐 교사 손이 그렇게 많이 가지 않는다. 그냥 뭔가 조금 아쉬울 뿐이다. 그래서 부록을 버리고 새로운 것을 만들어 보려고 하면 손이 많이 간다.

아이들이 쉽게 만들 수 있는 방법을 소개한다. 물론 이것들은 끝나고 분리수거하기도 편하다.

대부분 손으로 만지작거리는 손인형이다. 가족역할극이나 인사말 주고받기, 바르고 고운 말 사용하기, 이웃 만났을 때 어떻게 할까요? 등 특정 상황에서 짝별로 모둠별로 대화를 주고받을 때 활용하면 좋다.

① 스티로폼 공인형 : 스티로폼 공에 검지가 들어갈 만한 구멍만 뚫어서 움직이면 된다. 아동용 작은 면장갑 한 짝씩 주면 검은색 무대와 대비되어 시선을 잡는다. 공은 너무 작지 않고 10센티미터 이상이면 좋다. 가끔 눈 코 입을 그리려는 아이들이 있는데, 말릴 필요는 없다. 그러나 표정이 없으면 손가락 움직임과 아이들의 말에 더 집중

할 수 있다.

② 양말인형 : 수면양말이 색깔도 알록달록하고 촉감도 부드럽다. 눈을 과장되게 만들어서 붙이는 게 좋다. 아주 작은 스티로폼 공에 눈알 스티커를 붙여서 표현한다. 공에 매직으로 졸린 눈, 화난 눈을 그려도 괜찮다. 입은 별도로 만들지 않고 손 전체를 이용해서 폈다 닫았다 하면 된다.

- 인터넷에 눈알 모양 스티커, 접착식 눈알로 검색하면 다양한 크기를 구입할 수 있다.
- 하얀 양말에 얼굴을 그리면 더 간단하다. 조금 더 신경을 쓴다면 선생님이 부직포로 여러 가지 모양 머리를 만들어 양면테이프를 붙여 놓으면 아이들은 자기 인형에 맞는 머리를 골라서 붙이면 된다.

③ 맨손바닥 얼굴 : 페이스페인팅 펜이 있다. 펜이어서 손바닥에 쉽게 그리고 지울 수 있다.

④ 편지봉투 인형 : 하얀색 편지봉투 반을 자른다. 편지봉투에 앞뒤로 동일인물을 그린다. 상황극 중에 주로 표현되는 중요 얼굴 2개를 그린다. 그 다음 나무막대를 꽂아서 가지고 놀면 된다. 나무젓가락은 넓은 쪽으로 깊숙이 넣으면 따로 고정할 필요 없다.

⑤ 아이스크림 막대에 얼굴을 그려서 놀 수 있다. 사인펜은 번질 수 있으니 연필, 네임펜으로 그린다.

⑥ 사람실루엣 종이를 인터넷으로 구입한다. 바탕에 원하는 인물을 그린 뒤 나무젓가락에 붙여 상황극에 쓴다.

⑦ 종이컵 인형은 국어과 교과서에도 등장한다. 무늬가 없거나 색 종이컵을 쓰면 겉면을 꾸미기 편하다.

 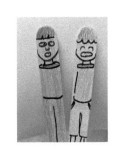 

⑧ 그라운드시트와 라벨지

아이들이 손인형으로 발표할 때는 행거나 책상에 까만색 천(인터넷에 방수매트, 그라운드시트로 검색해서 까만색을 구입한다. 다른 천보다 먼지가 앉지도 않고, 접기도 편하고 얇아 깔끔하고 깨끗하게 보관할 수 있다.)을 씌워서 보여준다. 역할표시는 라벨지가 딱이다. A4라벨지에서 가로 4칸이나 6칸을 되어 있는 것을 추천한다. 칸이 크기 때문에 이름이 잘 보이게 크게 쓴다.

만드는 과정은 간단한 게 좋다. 그리고 만든 인형으로 어떤 상황을 어떻게 표현할지에 집중하게 한다.

나. 아이들 혼자서도 만들 수 있는 가면

① 얼굴만 뚫어서 만드는 가면

두꺼운 마분지에 얼굴만 뚫어서 아이들에게 준다. 그리고 그 구멍 주변으로 머리 모양을 꾸며서 인물을 표현한다.

② 사람 얼굴 가면

시중에서 700~1000원으로 살 수 있는 가면이다. 얼굴에 쓸 수 있도록 귀에 걸 고무줄이 달려 있는 가면으로 구입하는 게 좋다. 색연필, 네임펜, 사인펜으로 재미있게 꾸미면 된다. 입이 막혀 있기 때문에 팬터마임에 어울린다.

③ 부채 가면 : 앞뒷면에 부정적인 표정, 긍정적 표정을 그려놓고 감정과 관련된 말하기 할 때 사용한다. 거리에서 나눠주는 플라스틱 부채에 A4라벨지를 붙여 얼굴을 그린다.

④ 가장 흔한 종이봉투 가면 : 얼굴 크기만큼 구멍을 뚫어도 되고, 눈과 입만 뚫어서 꾸며도 된다. 인터넷 쇼핑몰에서 50장, 100장 묶음으로 종이봉투 큰 사이즈를 구

입한다. 개성 있는 얼굴을 표현하기에 무늬 없는 종이봉투가 좋지만 집에서 각자 가져온 쇼핑용 종이가방이 아이들 머리에 여유 있게 더 잘 들어간다.

4

우리끼리 만든 학예회

학급별 학습발표회. 1년 동안 배웠던 것을 정리해서 보여준다. 학부모가 관객이다. 우리도 출연자이면서 관객이다. 어디까지 손을 데야 하는지 쓸데없는 부담은 놓자. 대신 아래 항목은 꼭 해결한다.

- 더 잘하고, 더 많이 보여주는 대신 수업시간에 우리가 했던 내용을 정리하고 단순화시킨다.
- 아이들의 선택과 활동에 대해서는 구체적인 조언과 격려를 아끼지 말자.
- 단순하고 어설픈 무대는 효과음, 엔딩 음악으로 도와주자.
- 등퇴장에 신경 써서 무대 매너를 익히게 하자.
- 선생님이 더 지지하고 응원해 준다. 아이들 모습에 절대로 실망도 부끄러워도 하지 말자.

① 기억 더듬기

1년 동안 우리가 했던 수업사진이나 동영상을 보면서 했던 것, 재미있던 것, 다시 해보고 싶은 것들을 기억해낸다.

② 계획하기

- 포스트잇에 발표하고 싶은 것을 적어서 칠판에 붙인다. 예를 들어 오카리니(홍길동), 식물의 자람 연극(고길동), 줄넘기(김길동)로 써서 붙이면 비슷한 종목끼리 분류했다. 한 명이 3개까지 쓸 수 있다.
- 스피드컵, 오카리나, 줄넘기 등은 1년 동안 학교행사로 익힌 것이고 춤이나 악기는 방과후학교에서 배운 것을 그대로 보여줬다.
- 아이들이 몇 개나 신청했는지 학생명단에 체크한다. 신청하지 않은 아이는 같이 어울릴만한 친구가 있거나, 충분히 할 수 있는 종목에 넣어줬다.

③ 공연 프로그램 정하기

연습을 하는 아이도 있고 자기가 무엇을 적었는지 잊은 아이도 있다. 1주일 동안 틈틈이 연습하도록 날마다 안내했다. 오디션을 본다고 했지만 여기서 오디션이란 얼마나 준비하고 연습했는지 그 과정을 점검하는 것이다. 실제 학예회 프로그램으로 넣을 수 있는지 결정하는 시간이다. 아이들 각자 수준, 성실도, 적극성을 보고 공연 종목을 넣기도 빼기도 했다. 선정된 아이들의 배려로 혼자 있는 다른 아이를 추가시키기도 했다.

누가 얼마나 많이 출연하는지도 체크했다. 개별, 조별 프로그램 외에 우리 반 전체가 참여하는 단체종목도 만들었다. 짧은 시간이지만 많은 아이들이 여러 종목을 출연할 수 있게 했다. 프로그램 순서와 출연자를 적어서 출력해서 칠판 앞에 붙여 놨다. 이제 잊지 말고 수시로 자기가 어디에 출연하는지 확인하고 연습한다.

텔레비전 오디션 프로그램처럼 종목별로 참여자들을 불러서 보완할 점도 알려주고, 어떤 음악이나 노래가 필요한지 물었다. 정확한 제목을 모르면 내가 몇 개 골라서 들려주고 아이들이 선택했다. 유튜브에 보관함으로 저장해 놓거나 음원파일이 있는 경우, 공연 순서대로 파일이름에 순번을 매겨 정리했다. 준비물이나 소품 여부도 확인해서 미리 학예회 물품으로 신청해둔다.

④ 프로그램 연습하기

쉬는 시간에도 연습하고, 급식 먹고 연습하고, 수업을 일찍 마쳐도 연습했다.

⑤ 프로그램 홍보하기

아이들은 직접 프로그램 안내판을 만들었다. 내가
프로그램 제목만 뽑아서 나눠주면 아이들이 오려서 큰
전지에 순서대로 붙였다. 출연자 이름도 직접 쓰고 안
내판 빈 곳도 채웠다. 교실 뒤판도 그림과 종이접기로
꾸민다. 노는 아이 한 명도 없었다.

⑥ 프로그램 공개, 학예회!

"저는 아무것도 한 게 없습니다. 아이들이 요
구하면 그 때 잠깐 도와줄 뿐, 놀라시겠지만 모
든 게 아이들이 계획했습니다. 우리 아이들 이
렇게 성장하고 발전했습니다." 학부모들에게 했
던 말이다. 아래는 실제 학습발표회 프로그램이
다. 모든 것이 연극으로 채워진 것은 아니다. 학

습 발표회인 만큼 1년 동안 배웠던 많은 내용들이 들어가 있다.

〈1학년 학급 학예회 프로그램 예시〉

순	종 목	제 목	출연자	준비물
1	노래와 율동	참 좋은 말	1반 전체	
2	악기연주	카쥬 연주	1반 전체	카쥬
3	시낭송	시낭송	−	시
4	스피드컵	스피드컵	−	컵
5	노래극	수박장수	−	장구, 막대
6	악기연주	오카리나(아름다운 것들)	−	오카리나
7	율동	오징어춤	−	가발, 천
8	연극	식인식물 연극(동영상)	−	
9	컵타	컵타(아기염소)	1반 전체	컵, 가면
10	퀴즈쇼	OX퀴즈	1반 가족 전체	OX판
11	율동	오르라미c 춤	남학생 전체	−

12	낭독극	낭독극(쉿! 쉿!)	–	그림책, 의자
13	악기연주	루돌프 사슴코~	–	개인 악기
14	악기연주	오카리나(할아버지 시계)	–	오카리나
15	춤	나도 아이돌	–	–
16	음악줄넘기	(노래 제목)	–	줄넘기
17	노래와 기타	네모의 꿈	–	–
18	피아노	피아노연주	–	교실 피아노
19	전체 노래	캐롤 메들리	1반 전체	리듬악기
20	전체 율동	넌 할 수 있어	1반 전체	–

쉬어가는 페이지 - 나를 살리는 아이들의 말! 말! 말!

"뭐예요?"

새로운 연극놀이를 한다. 진실로 맹세코 나는 친절하고 아주 자세히 설명해 줬다. 설명이 끝나자마자 묻는다. "뭐예요?", "뭐해요?"

그렇다. 친절하고 자세하다는 건 내 기준이다. 아이들은 다르다. 아이들 입장에서 이해가능한 초점을 안내한다.

"내가 얼마나 연극을 좋아하는지 몰라!"

다른 모둠은 다 발표했는데 한 모둠만 안 하겠단다. 모둠원 4명 중 3명이 안 한단다. 그러라고 했다. 쉬는 시간에 하고 싶었던 한 명이 운다.

"너희는 내가 얼마나 연극을 좋아하는지 몰라!" 책상 밑에 주저앉아 나오질 않았다.

"왜 재미있는 건 항상 빨리 끝나요?"

극화 수업을 마치고 활동 소감을 물었다. 한 아이가 말했다. "시간이 빨리 가요. 왜 재미있는 건 항상 빨리 끝나요?" 참관하신 선생님들이 웃는다.

"선생님, 칭찬해주세요."

쉬는 시간이 아이들이 우르르 오더니 대뜸 "칭찬해주세요." 한다. 내게 즉흥극을 보여준다. 수업시간에 배운 연극놀이에 자기들 이야기를 넣어서 연극으로 만들었다. 아주 구체적으로 칭찬을 해줬다.

"저 모둠이 왜 잘 한 거예요?"

부끄러운 날이었다. 아이들 발표에 집중하지 못하고 영혼 없는 칭찬을 했다. 평소에는 구체적인 피드백을 했던 내가 그 날은 업무 때문에 정신이 없어 "오우, 잘했어요.", "재미있었어요."하고 얼버무렸다.

한 아이가 손들고 왜 잘 한 건지 물어본다. 방금한 발표가 칭찬받을 이유가 없다고 생각했는지 다시 물어 본 것 같다. 아이들은 내 피드백에 민감하고 기대한다.

"전 여자예요. 수탉은 싫어요."

팔씨름 대회에서 이긴 여학생이 주인공 수탉을 맡았다. 이야기 제목이 세상에서 가장 힘 센 수탉이다. 설마 여학생이 남학생을 이길 줄 몰랐다. 이겨서 신났던 아이가 시무룩해진다. 여자인데 남자 닭 역할을 하는 게 싫단다. 자기가 맡은 성별에 예민한 1학년이다.

"야, 선생님한테는 져주는 거야."

나는 역할 내 교사로 힘 센 수탉과 겨루는 이웃 마을 수탉이 되었다. 팔씨름을 했다. 이야기 전개상 내가 꼭 이겨야 한다. 생각보다 힘들었다. 아이를 상대로 힘을 쓰면 안 될 것 같아서 긴장한 건지 아니면 진짜 아이가 힘이 센 건지. 그 때 수탉을 응원하던 다른 아이가 말한다.

"선생님에게 져주는 거야." 그래서 내가 이겼다.

"줄넘기가 물고기예요"

운동장에서 줄넘기를 한참 하고 있었다. 두 아이가 줄넘기를 바닥에 질질 끌고 다닌다. "봐요. 우리 집 강아지예요. 예쁘죠?"

몇 몇 학생이 스탠드에 앉아서 줄넘기를 바닥으로 던진다.

"낚시하는 거예요."

여학생이 줄넘기 한쪽을 바지에 넣고 나머지 줄은 바닥에 끌고 달린다.

"물고기가 자꾸 날 따라와요."

그리고 다른 학생은 줄넘기를 짧게 접어서 허리춤에 넣고 달랑달랑 다닌다.

"이건 제 꼬리예요." 아이들의 놀이는 여전히 계속되었고 그들의 상상력과 변형 능력을 관찰할 수 있었다.

"내 친구 때리지 마!"

이 말 덕분에 무서운 아이들로부터 벗어날 수 있었다. 다른 토끼들에게 놀림 받는 토끼 역을 맡은 나는 아이들에게 에워싸여서 이리 치이고 저리 치이고, 심지어 어떤 아이는 주먹으로 때린다. 극 속 상황이라 화를 낼 수도 없고 참 당황스러웠다.

그 때 내가 우리 반에서 가장 인기 많고, 힘도 센 민석이에게 "민석아! 친구야! 나 좀 도와줘!"라고 외쳤다. 아이는 다른 아이들을 가로 막고 "내 친구 때리지 마!"라고 외쳐줬다. 나를 막고 서있는 민석이 덕에 다른 아이들은 멈췄고, 나는 민석이에게 고마움을 표현했다.

"고마워 친구야, 진짜 고마워. 덕분에 얘들이 날 괴롭히지 않을 것 같아."

실제로 심리학에서도 불특정 다수에게 도와달라고 외치는 것보다 특정인물을 가리키라고 했는데 확실히 효과가 있었다.

"좋았어요. 재미있어요, 최고예요!"

1학년은 솔직하다고 한다. 수업평가에 있어선 좀 다른 것 같다. 거짓말을 했다는 게 아니라, 우리 선생님을 위해 선택적으로 본심을 숨기고 말하는 것 같다.

"오늘 수업 어땠어요?"

선생님의 눈을 본다.

"좋았어요. 재미있어요, 최고예요!"

엄마아빠처럼 선생님도 자기들을 위해 노력하고 애쓴다고 생각하나보다, 어설프지만 선생님의 진심이 읽히나보다.

"이야기극화 수업해주세요."

비오는 어제, 반 아이가 돌봄교실 가기 전에 내게 온다.

"돌부처와 바보로 이야기극화 수업해주세요."

"수업을 해달라고? 아침에 읽은 책으로?"

"해주세요. 재미있을 것 같아요."

피구나 게임을 해달라고 하는 것도 아니고, 수업을 해달란다.

"선생님 바빠요?"

"왜? 이거 얼른 정리해야하는데."

"놀 사람이 없어요."

"그래서 나보고 놀아달라고?"

"네!"

"……"

"욕해도 돼요?" – 분홍색 귀

'임금님 귀는 당나귀 귀'에서 아이디어를 얻었다. 대나무 숲에 있는 구멍처럼 아이들이 속말을 쏟아낼 수 있는 무언가가 있어야 한다고 생각했다.

그래서 분홍색 펠트로 큰 귀 하나를 만들어서 교실 구석에 붙였다. 아이들은 하고 싶은 말들을 쏟아냈다. '귀'라는 모양이 아이들의 행동을 제어한다. 귀에 대고 말하라는 행위 자체가 속삭이듯 손을 모아서 속닥속닥, 조곤조곤 말하게 한다. "임금님 귀는 당나귀에 나온 이발사처럼, 너희도 마음에 담고 있던 말이 있을 거야. 이 귀는 모든 말들을 받아낸단다. 너희가 하고 싶은 말을 쏟아내렴."

"욕해도 돼요?"

"욕은 한 번 뱉으면 내입에 붙어 떨어지지 않으니 되도록 사용하지 않았으면 좋겠다. 그러나 원칙은 모든 말이 가능하단다."

일회성으로 만들었다. 그냥 가볍고 비밀스러운 장소를 제공했다. 한 달 정도 열심히 하더니 아이들은 교실에 있는 귀를 잊은 듯 했다. 다행인가?

나도 귀를 떼어낸다는 것을 잊고 있다가 새 학년 교실정리 할 때 발견했다.

"왜, 저는 안 찍어요?"

"응?"

"왜 제가 발표할 때 사진으로 안 찍어요?"

"아!"

당황했다. 나름 독특하고 의미 있는 발표만 찍었기 때문이다. 그렇다고 "네 표현이 평범해서 안 찍었어."라고 할 수 없었다.

"다시 보여주면 선생님이 찍을게. 대사도 하면서 해 볼래?" 아이는 다시 했다. 그리고 난 찍었다. 오늘도 배운다. 카메라로 차별하지 말자. 친구들 표현과 맞히는 데에 집중하는 줄 알았는데, 나를 관찰하는 아이들도 있었다. 아이들의 시선. 도대체 선생님은 어떤 아이들을 찍고, 어떤 아이들은 안 찍는 거지?

·5부·

소품, 공간, 질문

행거, 의자, 훌라후프, 백업, 보자기, 천, 원마커, 고무줄, 색깔 천, 핸드벨, 우드블럭, 에너지 차임벨, 마킹테이프 그리고 상상력

1

소품이야기

소품이란 내가 만든 수업자료가 아니라 수업시간에 사용한 작은 물품이다. 필요이상 많은 소품은 아이들의 시선과 관심을 분산시킬 수 있다. 되도록 가짓수를 줄인다. 아래 소개한 소품들을 가지고 있으면 선생님 곁에서 유능한 보조자 역할을 해준다.

가. 행거

행거는 정말 많이 쓰인다. 소품 하나만 가질 수 있다면 행거를 선택하겠다. 행거 위에 책 제목을 붙여서 그림책 표지를 만들 수 있고, 영화 포스터도 만들 수 있다. 행거를 인물들 사이에 두면 집 안과 밖으로 분리된다. 검은 천을 씌우면 막대인형 무대가 된다. 행거를 상하 2등분하여 아래는 검은색(천이나 종이)으로 가리고 위는 하얀색으로 덮으면 그림자극의 막이 된다.

행거는 참 옳다.

나. 의자

의자는 아이들 의자를 주로 쓴다. 작은 플라스틱 의자도 별도로 구입하여 수시로 꺼내어 쓴다. 빈의자, 핫시팅 기법처럼 특정 인물을 앉혀 놓기도 한다. 의자 여러 개를 연결하면 악어 떼가 득실거리는 늪지대의 다리가 된다. 또 책상과 의자를 연결한 공간은 호랑이가 갇힌 감옥으로, 강아지의 작은 집이 되기도 한다.

다. 훌라후프

훌라후프는 자주 사용한다. 원형 그대로 바닥에 눕혀놓으면 가마솥이나 항아리가 된다. 세워 두면 숲속 동굴로 들어가는 입구가 된다. 피리 부는 소리에 홀려 마을 밖으로 떠나는 아이들과 남아있는 가족들의 이별의 경계가 되기도 한다.

라. 백업

백업은 가래떡스펀지, 막대스펀지로도 불린다. 굵기도 색깔도 다양하지만 지름 2cm 정도 아이들 양 팔 길이정도면 좋다. 동물, 꽃, 바람처럼 주변 생물이나 환경을 표현할 때 쓴다. 부피가 있어 보관하기 어렵고 공간도 많이 차지한다. 예전에는 많이 활용했지만 요즘은 잘 쓰지 않는다.

마. 보자기와 색깔 천

보자기는 아이들 수만큼 넉넉히 준비하자. 인터넷 쇼핑몰에서 장 당 500원이면 구입할 수 있다. 길 떠나는 나그네의 보따리, 명절 차려입은 옷으로 꾸밀 수 있다.

천은 색깔 있는 시폰 천이 좋다. 가볍고 뒤집어써도 그 안에 있는 아이들 모습

이 잘 보인다. 계절이나 숲, 바다 같은 배경을 표현하기 위해 하얀색, 파란색, 빨간색, 연두색을 기본으로 산다. 네 마정도 길게 구입하는 게 큰 바다나 넓은 들을 표현할 때 적당하다.

천은 두 가지 위험성이 있다. 작은 아이들이 긴 천을 목에 감고 돌아다니다가 친구 발에 천 끝자락이 밟히는 경우다. 교실 바닥에 깔아 둔 천을 밟아 미끄러진 경우도 위험하다.

바. 원마커

실내 체육 활동 시간에 많이 사용한다. 밟아도 미끄러지지 않고 발걸림이 없다. 의자 대신 자리 뺏기 연극놀이에 사용할 수 있다. 원마커를 띄엄띄엄 놓아서 징검 다리나 장애물로 사용한다. 교실 앞에 나 와서 발표할 위치를 표시하는데 유용하다.

사. 요가매트

요가매트도 자주 사용하지 않지만 교실에 하나 두고 있다. 아이들이 다닥다닥 앉으면 4~5명은 충분히 않는다. 매트는 이동수단이나 특정 장소로 나타낼 때 쓴다. 미끄러짐이 없어서 밟고 뛰어도 안전하다. 좁은 면적 덕분에 아이들의 행동이나 이동 범위를 제어할 때 효과적이다.

아. 면 고무줄 묶음

인터넷에서 면 고무줄 하얀색을 검색하여 더미로 산다. 시간 날 때 두꺼운 도화지로 심지를 만들고 감아둔다. 림보나, 음악에 맞춰 장애물 통과하기, 종이 봉지 공주 이야기에서 공주가 왕자를 구하러 가는 길

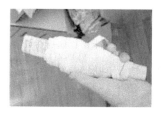

을 고무줄로 교실 이곳저곳을 연결하여 몸을 닿지 않고 몰래 통과하는 미션을 줘도 좋다.

자. 소리와 관련된 도구들

① 천둥 드럼은 텅 빈 원통에 긴 용수철 하나 달랑 달렸다. 그러나 한 번 휘저으면 '두둥두둥' 악기 이름처럼 천둥소리가 난다. 옛이야기를 들려줄 때 종종 쓴다. 나쁜 사람이 벌을 받거나 지네 괴물이나 구렁이나 나올 때 울려준다.

② 시작과 멈춤 신호 도구

우드블럭, 핸드벨, 에너지 차임벨, 소리 명상도구 띵샤(Tingsha)를 교실에 구비하고 있다. 용도는 거의 같지만 사용하는 상황은 다르다. 우드블럭이나 리듬스틱은 아이들이 걷고 멈출 때의 신호를 주거나 박자 맞추는 용도로 사용한다. 핸드벨은 연극놀이 할 때, 얼음땡을 시킬 때나 시작과 마무리 신호로 쓴다. 에너지 차임벨, 소리 명상도구는 분위기를 가라앉히고 진지한 대화가 오고갈 때 잠깐 쓴다.

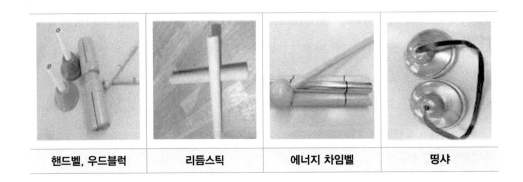

| 핸드벨, 우드블럭 | 리듬스틱 | 에너지 차임벨 | 띵샤 |

③ 음악이나 효과음

발표 내용이 길거나 모둠 순서가 있는 경우 발표 공간에 들어오고 나갈 때 음악을 틀어준다. "준비하세요.", "퇴장하세요.", "이제 시작하세요."처럼 반복적인 말도 필요

없이 음악으로 해결한다. 음악이나 효과음은 유튜브 오디오 라이브러리에서 검색하면 된다. 저작권 무료 음악으로 장르별로 검색이 쉽고 계정만 있으면 바로 다운받아서 적시에 아이들에게 제공할 수 있다.

차. 만지작 만지락 내 생각을 표현하는 오브제들

교육연극 활동 후 수업 소감을 차분하게 나누고 싶다. 교사의 눈으로 미처 발견하지 못한 아이들의 감정, 의미, 아쉬움들을 알 수 있는 중요한 시간이다. 참여하는 걸로 움직이는 걸로 끝나는 게 아니라 수업 속에서 무엇을 가지고 나왔는지 당사자의 입으로 들을 수 있다. 이 때 아이들의 생각을 정리하고 발표할 때 요긴한 오브제들이 있다. 화장지, 이면지, 칼라 찰흙, 유토, 신문지는 생각을 담은 다양한 형태의 이미지로 표현된다.

① 화장지 중 두루마리는 구하기 쉽고, 변형하기도 쉬워서 아이들이 소품 만들 때 잘 꺼내어 쓴다. 마스크도 만들고, 다친 팔을 칭칭 감은 붕대로도 쓰고, 한 장씩 뜯어서 조그맣게 말면 하얀 눈이 되고, 길게 비비면 국수가 되기도 한다.
② 이면지는 구기거나 찢어 다른 모양을 만들어서 표현할 수 있다.
③ 요즘은 칼라찰흙보다 유토를 자주 사용한다. 유토는 친환경 재료이고 1년 동안 사용할 수 있다. 처음 사용할 때는 너무 딱딱해서 잘 치대서 부드럽게 만들어야 한다. 200g보다 100g 정도만 있어도 1년 동안 잘 쓸 수 있다.

\# 이미지로 생각 표현하기 수업 사례
- 아이들은 종이나 색찰흙(유토)을 준비한다.
- 교사는 질문을 준비한다. 어버이날에 부모님께 무엇을 선물하고 싶은가? 만약 너희가 한 밤 중에 길을 잃었다면 어떤 물건이 도움이 될까? 여름을 이기기 위해 어떤 물건이 필요할까?
- 질문에 대한 답을 종이나 색찰흙을 이용해서 이미지를 만든다.
- 만든 것을 들고 자기 생각을 발표한다.

④ 신문지 한 장으로도 놀이와 역할 표현
이 가능하다. 신문은 여러 형태로 변형된다.
넓게 펼쳐서 이불이나 양탄자, 돌돌 말면 할
머니의 지팡이, 한 장 한 장 이어 붙이면 먼
곳을 떠나는 배로도 만들 수 있다. 종이봉지
공주의 옷으로도, 용을 물리칠 때 사용하는
창으로도 쓰인다. 수업이 끝나면 잘 펼쳐서
재활용하면 된다. 인터넷에 깨끗한 신문지, 깨끗한 폐신문지로 검색하면 무게 단위로
구할 수 있다.

파. 꼭 구입하지 않아도 되는 소품

이 외에 소품을 구비할 때, 선생님들이 가장 많이 찾는 것이 가발이다. 그러나 가발
은 역할 표현에 제약이 많다. 딱 그 캐릭터만 표현할 수밖에 없다. 그 다음 많이 찾는
것이 옷이다. 옷은 가발보다 덜 제한적이다. 꼭 구비하고 싶다면 옷 한 벌로 다양한
역할을 표시할 수 있는 걸 권한다. 망토 하나면 왕, 왕비, 마법사를 표현하고 검은색
두루마기라면 신선, 저승사자, 중요한 임무를 수행하는 메신저로 변할 수 있다.

2 공간 구성하기

새 교실을 배정받으면 가장 먼저 교실 정리를 한다. 움직일 공간을 더 확보하기 위해 보조 책상도 치우고 분리수거함이나 쓰레기통도 정리한다. 벽에 걸린 거울이나 못도 치운다. 책걸상으로 꽉 차있는 교실은 교육연극 수업하는데 가장 큰 제약이 될 수 있지만 간단한 장치에 의해 충분히 극복할 수 있다. 공간 구성은 보이게도 만들 수 있고 보이지 않게도 만들 수 있다. 극 속 공간 존재는 아이들의 상상력에 의해 완성되고 견고해진다.

가. 마킹테이프로 공간 만들기

마킹테이프는 마스킹테이프, 라인테이프로도 검색된다. 교실에 노란, 빨강, 녹색, 파랑색을 항상 준비되어 있다. 교실 바닥에 일직선으로 붙여 등퇴장 위치와 움직임이 허용되는 무대의 크기를 고정시키기도 한다. 관객과 배우의 경계를 구분해준다. 극 속에 필요한 대상(예: 나무, 문, 가방 등)을 바닥에 크게 그리듯 붙여 놓기도 한다. 집, 마당, 학교처럼 극 속에서 동시에 나오는 장소를 3등분해서 붙여주면 아이들은 극의 흐름에 따라 정확히 이동시킬

수 있다. 내가 관찰한 아이들은 쉽게 선을 밟지
못했다. 일반적인 아이들은 어떤 이유나 지시
없이 선을 넘지 못했다. 두 줄로 붙인 것은 동네
골목이 되기도 하고, 한 줄로 붙인 것은 바다와
육지로 구분되는 해안선이 되기도 한다. 쫓고
쫓기는 연극놀이 할 때는 술래를 피해서 안전하

게 도망갈 수 있는 구역을 만들 수 있다. 마킹테이프로도 어떤 공간인지 인식이 부
족할 경우 종이에 해당 장소 이름을 써서 벽에 붙여 놓으면 된다.

나. 책걸상과 행거로 공간 세우기

책걸상은 철저히 독립된 개인 공간이지만, 블록처럼 연결하면 그 사용 범위를 확
장시킬 수 있다. 책상과 의자는 공간을 표현하는 상징물로 큰 효과를 발휘한다. 누군
가를 피해서 숨는 비밀공간이나 빈틈없이 합쳐서 넓게 연결하면 지구를 떠나는 커다
란 구조선이 되기도 한다.

행거는 극 속의 주인공 방으로 들어가는 문으로 가장 많이 활용한다. 화장실 귀신
이 나올 것 같은 옛날 뒷간 문이 되기도 했다. 또는 행거를 통과하면 우리가 살고 있
는 전혀 다른 곳으로 이동하는 포털이 될 수 있다. 신기한 것은 거길 통과만 했을 뿐
인데 아이들의 걸음걸이와 표정이 달라진다. 이렇게 행거는 배경도 소품도 없는 빈
교실 위에 상상의 공간을 만들어 주었다. 그 기능은 충분했고 효과적이었다.

다. 어떻게 상상의 공간을 만들 수 있을까?

[옛 것을 살리는 뜰]이라는 5회기 프로젝트 수업을 4학년 아이들 대상으로 진행한
적이 있다. 학교, 결석한 친구의 방, 뒷간 가는 밤길, 마을 회관, 마을 장터, 할머니 댁
마당, 골목길 등 회기마다 다양한 공간이 등장했다. 바뀐 공간 속에서 달라지는 아이
들의 반응과 움직임에서 공간 구성에 대한 답을 찾을 수 있었다.

"연극놀이 했던 그 공간이 실제 어떤 곳이라고 상상 되었습니까?"

"만약 그 공간, 그 시간을 느꼈다면 무엇 때문이었을까요?"

프로그램을 모두 마치고 건넸던 위 질문에 대해 아이들은 아래처럼 많은 이야기를 들려주었다.

선생님의 목소리와 행동으로도 구축한다.

역할 내 교사도 공간을 구축하는 요소이다. 많은 아이들이 선생님의 실감나는 목소리와 행동 때문에 실제로 그곳에 있는 것처럼 느꼈다고 했다. 아우구스또 보알은 관객에게 물리적인 존재가 주관적으로 형성된 공간의 창조에 필수적인 것이 아니고 그 공간을 실제로나 가상적으로 활성화시켜 존재하게 하고 인식하는 것은 한 명의 배우만으로도 충분하다고 했다. 선생님이 극 속에 역할을 입고 들어감으로써 아이들과 공간을 연결시킬 수 있다. "작고 예쁜 흰둥아! 얼른 와, 할머니가 있는 이 마당으로." 그러면 아이들, 아니 강아지들이 뛰어서 몰려온다. 월월월 짖으면서.

익숙한 곳을 낯설게 만들어라.

우리 반, 우리 교실만큼 익숙한 곳은 없다. 아이들에게 가장 익숙하기에 편하다. 그 익숙한 곳이 살짝 틀어졌을 때 새로운 공간이 생긴다. 한 번도 열린 적이 없는 칠판 뒤에 새로운 단서가 숨어 있거나, 평소에 접근하기 힘들었던 교사용 책상 밑에서 누군가 오랫동안 지낸 흔적이 있다고 했을 때 아이들은 바빠진다.

아이들은 감각으로도 공간을 구축한다.

눈에 보이는 시각적인 장치 외에 소리로 전달되는 장치 역시 공간 구축에 큰 도움이 된다. 복도에 있는 뒷간은 바람소리, 늑대울음소리 같은 효과음으로 을씨년스러운 시골 뒷간 가는 길로 보인다. 또한 상상에 의해 변형된 물건(소품)은 그 전과 다른 기능을 낳게 되고, 그 물건으로 새로운 공간이 구축될 수 있다. 예를 들어 "이 상자는 우리 반 친구의 비밀 상자입니다. 이 상자는 그 친구의 비밀공간에 항상 있었습니다. 바로 이곳입니다."

아이들을 관찰하면 공간이 보인다.

　교실 속에는 움직일 수 없는 곳, 움직임이 가능한 곳, 숨겨진 곳, 비밀스러운 곳 등 다양한 공간 속의 공간이 있다. 평소에 그 공간에 어떤 의미를 부여하고 있는지 잘 파악해야 한다. 예를 들어 남학생은 주로 뒷문 앞에서 잘 논다. 여학생들은 선생님 근처 교실 앞에서 잘 논다. 청소함 근처는 잘 가지도 않는다. 청소를 핑계로 미니 빗자루를 들고 선생님 책상 속을 자주 들어간다. 책상 밑은 종종 들어가도 책상 위는 올라간 적이 없다. 지속적인 관찰이 필요하다.

내레이션으로 공간을 구축할 수 있다.

　선생님이 들려주는 해설 역시 아이들의 집중을 쉽게 유도하고, 한 공간을 다른 장소로 쉽게 변화시킬 수 있다. 적시에 잘 전달되면 해설에 그 공간의 분위기, 이미지까지 실어 아이들에게 줄 수 있다.

공간에 있는 사람의 안전과 안정이 우선이다.

　물리적으로 아이들이 부딪히거나 다칠 염려가 없는 공간으로 정리되어야 안전사고에서 자유롭다. 교실에서 아이들은 수업 시간에 자기가 했던 행동과 말에 대해 보호와 존중받고 있다고 느껴야 한다. 그래야 아이들은 편하게 움직이고 교사의 물리적 지원이 효과를 발휘할 수 있다.

공간은 교사의 기다림과 아이들의 상상력으로 더 견고해진다.

　소품과 장치로 그럴싸한 무대를 만드는 것이 공간 구축의 전부는 아니다. 중요한 것은 아이들 스스로가 '여기가 이러하다.', '나는 지금 여기에 있고 무엇을 해야 한다.'라고 집중할 수 있게 초점을 모으는 것이다. 즉 소품과 설치물로 공간을 꾸미는 것 이상으로 그들의 정서와 감각들을 건드려 주는 것이 더 풍성한 무대를 만들어낼 수 있다. 연극놀이에서 공간이 기능을 제대로 작동하기 위해서 그 공간을 구축한 교사의 기다림도 아주 중요하다. 다양하고 깊이 있는 발문과 대화를 주고받는 시간은 아직 구축되지 못한 공간에 아이들이 마저 채울 수 있는 여지를 준다.

이처럼 교실은 교사의 내레이션, 소품, 역할 내 교사, 소리 장치, 교사와 아이들 간의 강한 연극적 약속 등으로 얼마든지 다른 공간으로 구축될 수 있다. 또한 아이들이 갖고 있는 감각과 상상력, 그들 개개인이 가지고 있는 기억과 경험들, 연극놀이를 유지하고자 하는 의지도 공간을 견고하게 만드는 요소다. 우리는 이것을 잘 이용하면 된다.

자기가 구축한 공간에서 빠져있는 아이

집 안 공간에 따라 우리가 무슨 일을 하는지 표현하는 수업을 했다. 운동장에서 각자 막대기나 돌 하나씩 들고 그리고 싶은 집 안 공간을 그렸다. 다 그린 뒤 다 같이 모여서 한 집 씩 방문했다.
"똑! 똑! 안녕하세요. 집 좀 보여주세요." 하면 집 주인 아이는 그 공간에서 무슨 일을 하는지 보여주는 것이다. 그런데 한 아이가 "여기는 화장실이에요." 하면서 윗옷을 벗어버렸다. 그런데 3월, 아직 두툼한 점퍼가 필요한 날이다.
"잠깐! 여기는 아니야. 옷 벗지 마!"
그러거나 말거나 아이는 끝까지 화장실에서 샤워하는 모습을 보여줬다.

3

내가 묻고 답하다

웃을 일도 많지만 웃지도 못 할 사건 또한 많은 게 1학년이다. 직접 수업을 하면서 경험치를 쌓는 것도 좋지만, 미리 알고 조심하는 것도 괜찮다. 그래서 처음 교육연극을 시작했을 때의 내가 묻고 지금의 내가 답한다.

질문1. 교육연극을 하면서 관찰된 1학년 아이들의 특징은 어떤가요?

교육연극 수업을 하면서 만난 우리 반의 특징이고 내 개인적 관찰이다.

- 동물을 너무 좋아한다.
- 흉내 내기를 좋아한다.
- 도와주는 걸 좋아한다.
- 돼지, 바보. 이런 단어를 아주 싫어한다.
- 단순하고 반복적인 것을 좋아한다.
- 생각보다 많은 동식물의 이름을 안다.
- 강하고 무서운 것에게 도망치는 거, 숨는 거, 뛰는 걸 좋아한다.
- 같이 하기 싫다면서 어느새 근처에서 함께 하고 있다.

질문2. 연극놀이 하면서 조심해야 할 때가 있나요?

아이들은 한 번 흥분하기 시작하면 교사의 신호가 안 들린다. "달린다. 내려간다.

도망간다."같은 교사의 지시어는 아이들을 쉽게 자극시킨다. 움직임이 포함된 지시어 사용에 조심해야한다.

질문3. 자꾸 방해하고 자꾸 술래만 하려는 아이는 어떻게 할까요?

타임아웃! 자기 자리에 잠시 앉아 있게 하거나 놀이 밖으로 몇 발자국 내보낸다. 다른 친구들이 어떤 식으로 규칙을 지키며 놀이를 즐기는지 관찰하다가 참여할 준비가 되면 다시 들어가도록 했다. 반면 방해꾼인줄 알았는데, 아닌 경우도 있다. 자리를 벗어나 발표하는 친구 근처에 가는 아이가 있다. 안 보인다고 잘 안 들린다고 짜증내지 않고 정말 어느 새 조용히 나와 있다. 정말 맞히고 싶었던 것이다.

질문4. 교사도 역할 내 교사로 극 속에 있는데 애들이 집중하지 않고 떠들면 어떻게 해야 할까요? 그냥 "조용히 해!", "얘들아, 집중하자!"라고 할까요?

이런 경우가 너무나 많다. 그럴 땐 극 중 내 역할로 아이들을 진정시킨다. 한 번은 내가 집안에서 아이들을 기다리는 늑대인데 아이들이 시끄러웠다. "어, 밖에 무슨 소리가 들리는데? 너무 시끄럽네. 으흠, 나를 찾아 온 거라면 딩동! 하면 되는데." 했더니 아이들은 내 말에 힌트를 얻어 "딩동!"하며 들어왔다.

질문5. 쫓고 쫓기는 연극놀이는 위험하지 않을까요?

달려가는 사람을 쫓아가서 잡는 놀이는 작은 다툼이나 사고가 일어날 확률이 높다. 옷을 잡아당기거나 목을 치거나 팔목을 잡고 억지로 버티다가 손자국, 손톱자국이 날 때도 있다. 미리 약속해 둔다. 학생 한 명의 등을 빌려서 어떻게 하면 잡는 걸로 인정해주는지 알려준다. 어떻게 하면 안 되는지도 알려준다. 솔직히 요즘은 쫓고 쫓기는 놀이 형태는 자주 하지 않는다.

질문6. 1학년에게 빈 의자 활동이 잘 이루어지나요?

"외계인이다. 귀신이다." 하면서 집중하지 않았던 경우도 있다. 당황스러웠다. 빈 의자는 약속이다. 지켜야 한다. 빈 의자 활동이 아이들에게 흥미가 없고 잘 진행되지 않는다면 굳이 이 기법을 할 필요가 없다. 대체 활동으로 칠판에 해당 인물 실루엣을 그려놓고 정보를 주거나 이야기를 하게 해도 된다.

질문7. 역할을 서로 하겠다고 싸우는 경우 어떻게 하죠?

가장 좋은 것은 양보다. 모둠별 발표라면 가위 바위 보로 결정하게 한다. 학급 전체에서 주인공 1명을 뽑아야 하면 조건을 제시한다. 예를 들어 "이야기 속의 주인공은 꽃을 좋아하는데 여러분 중에 꽃을 좋아하는 사람 손들어 보세요? 또 동생이 있네, 꽃도 좋아하고 동생이 있는 사람만 손들어 보세요?" 이런 식으로 주인공과 공통점을 찾아서 뽑는다.

질문8. 자기 능력보다 더 많은 걸 하려는 아이는 어떻게 하죠?

1학년 교육연극 활동은 그들의 기회와 참여에 초점을 둔다. 기회는 공평하게 주되, 참여는 자발적으로 진행한다. 한글 미해득으로 글을 읽지 못하는 아이가 있었다. 모둠별로 국어 교과서로 낭독극 발표할 기회가 있었다. 이 아이는 친구과 같이 참여 하고 싶어 했다. 참여를 돕기 위해 읽기 대신 다른 활동을 제안했다. 낭독극 중간에 들어가는 효과음이나 음악(번개소리, 신호음으로 두드리기) 만들기를 할래? 시작과 끝을 말해 줄래? 아이는 선택하지 않았다. 아이는 읽고 싶다고 했다. 책을 들고 다른 친구처럼 하고 싶었던 것이다. 내가 아이와 함께 했다. 아이가 맡은 대사를 한 자 한 자 읽어주면 더듬더듬 따라 읽었다. 이 상황은 선생님과 다른 친구들이 허용할 수 있고 충분히 도와줄 수 있었다. 다른 친구들보다 더 많은 역할을 독점하려고 하는 아이가 있다면 한 가지 역할에 집중할 경우 모둠 발표가 훨씬 좋아질 수 있다고 조언을 해줄 수 있다.

질문9. 아이들이 교육연극을 좋아하니까 학부모 공개수업 때 해보고 싶어요. 잘 안 될까 걱정도 됩니다. 선생님도 그런 경우 있었나요?

생일과 관련된 수업이었다. 아이들은 친구생일 파티에 초대되어서 우리 집에 왔다. 역할 내 교사인 내가 생일파티 주인공이다. 극 마무리 할 때 쯤 아이들에게 "와줘서 고마워! 맛있게 먹어!"했더니 예상대로 "고마워~", "잘 먹을게" 하면서 오물오물 먹는 시늉을 했다. 그런데 한 아이가 앞에 있는 아이 어깨를 물었다. 그걸 본 다른 아이가 또 그 아이의 팔을 부여잡고 무는 시늉을 한다. '크아악' 소리와 함께. 좀비다. 물린 아이는 하지 말라고 외친다. 조용했던 생일 파티가 좀비 소굴이 되어버렸다. 나를 도와줄 무기를 꺼냈다.

"얼음!", "선생님이 하나 둘 셋하면 모두 역할을 벗고 행거를 통해 자리로 돌아갑니다." 선생님으로 돌아온 나는 상황을 정리하고 좀비도 다른 아이들도 자리로 돌아가게 했다.

꼭 기억하자! 절대 당황하지 말고 "얼음!" 또는 "하나 둘 셋! 끝났습니다."를 명확히 전달한다.

질문10. 연극놀이 활동을 체계적으로 할 수 있는 방법이 있나요?

동아리 부서 개설! 저학년은 학급별로 운영하기 때문에 연극놀이 동아리를 개설한다. 올해는 독서교육과 연계하여 [그림책 놀이]부를 개설하여 그림책과 연극놀이를 활용한 극화활동을 했다.

질문11. 교육연극 수업을 하려면 교재 연구를 얼마나 해야 하나요?

"팥이 영감과 우르르 산토끼" 이야기극화 수업은 한 달이 걸렸다. 이 경우는 수업 설계보다 적당한 옛이야기를 찾는데 많은 시간을 썼다. 어쩔 때는 정말 즉흥적으로 할 때도 있다. 교과서만 펼쳤는데 적절한 움직임과 인물이 나오면 활동 하나 정도 즉흥극이나 장면 만들기를 배치한다. 좋은 소재와 좋은 질문만 있으면 쉽게 극 속으로 들어오게 할 수 있다.

질문12. 저학년 교육연극 수업에서 교사(리더)의 모습은 어때야 할까요?

1학년의 교육연극은 더 재미있는 걸로 더 많이 더 다양하게 하는 것이 마냥 좋은 것은 아니다. 자기 동작을 덜 부끄러워하도록, 자기를 쳐다보는 친구에게 진지함을 보여줄 수 있게 시작과 끝을 명확히 보여주는 것이 중요하다는 것을 지속적으로 알려준다. 채근하지 않고 바라봐주고, 떨려서 굳어버린 아이와 그 순간을 함께 머물러주는 것이다. 비슷한 동작이지만 의미를 좀 더 실어주고, 혹시 모를 다른 친구들의 비아냥거림을 어른의 여유 있는 웃음으로 막아준다. 양쪽 다 난처하거나 부끄러워하지 않도록 대신 변명도 해주고, 연극적 표현보다 관계를 만들어가는 과정에 더 집중해야 한다.

질문13. 교육연극 수업을 하면서 선생님 나름대로 다른 고민도 있나요?

아이들은 몸짓과 신체활동을 좋아하고 열심히 하지만, 그 표현과 움직임이 애매할 때가 많다. 그 애매한 움직임을 어떻게 읽어내고, 어떻게 반응을 할 것인지 고민한다.

다른 고민도 많다. 다른 선생님들도 나처럼 비슷한 고민이 있을 것이다.

- 아이들의 삶, 어떻게 하면 교육연극을 통해 그들을 성장시킬 수 있을까?
- 교육연극은 방법인가? 철학인가? 기술인가? 질문인가?
- 재미와 활동이 많으면 좋은 수업이 될 수 있나?
- 교육연극 수업의 마무리는 어떻게 하는 게 좋을까?
- 어떻게 하면 아이들이 자발적으로 참여할 수 있을까?
- 내 수업 때문에 아이들이 힘들어하지 않을까?
- 무엇을 가르치는 게 아니라 원래 가지고 있던 것을 꺼낼 수 있을까?
- 어떤 칭찬과 격려가 도움이 될까?
- 문제 해결을 위한 고민을 하고 있을까? 그냥 참여만 하고 있을까?
- 아이들 발표에 적절한 피드백을 어떻게 할 수 있을까?
- 아이들에게 억지 재미와 진지함을 강요하는 게 아닐까? 전략적으로 훌륭한 수업을 계획했다 하더라도 아이들이 느끼고, 판단하고 가져가는 것은 아주 주관적이다. 너무나 의도적인 교사의 수업 마무리로 인해 이중적인 경험을 갖게 되면 주입식 교육과 다를 바 없다. 중요한 것은 수업설계가 아니라 실제 수업에서 아이들 행동에 대한 교사의 민감성, 즉흥성, 해석 능력이다. 내가 정말 이 능력이 있는지 그게 고민이다.

질문 14. 선생님은 한 시간 동안 놀았나요? 수업을 했나요?

"교육연극도 아니고 드라마도 아니다.", "놀이도 아니고 수업도 아니다."라는 우려의 말도 들었다. 그러나 나는 수업을 했다. 수업을 했다는 확실한 이유는 성취기준에서 수업을 구성했다는 것, 두 번째는 아이들의 모습과 반응, 그 상황에 대한 지금까지의 기록들이다. 부족한 것, 아쉬운 점이 참 많은 수업일 수 있지만, 수업이 아닌 건 아니다. 재미있는 활동으로 끝나선 안 된다. 다른 수업처럼 배움이 일어나야하고, 배움이 일어났다는 것은 그들의 변화가 있어야 한다. 그럼 내 수업에서는 어떤 변화가 있었을까? 내가 의미를 두는 것은 아이들의 몸짓과 표현에 담긴 내용보다 그들의 태도였다. 선생님이 하는 칭찬을 아이들도 친구들에게 기꺼이 해준다. 소극적인 친구를 적극적으로 데리고 들어오는 모습도 보여준다.

교육연극은 국어과 연극단원으로 5~6학년 수업에 자리 잡고 있지만 저학년은 몸 짓활동과 자기표현으로 모든 교과에 들어왔다. '연극'과 '교육연극'이라는 이름만 사용하지 않을 뿐 몸으로 표현하기, 역할극, 목소리 연극, 그림자극, 인물처럼 흉내 내기 형태로 자리 잡고 있다.

> 글자를 몸으로 표현해보세요.
> 단어를, 흉내 내는 말을 몸으로 표현해보세요.
> 식물의 자람을 몸짓으로 표현해보세요.
> 해님과 달님이야기를 그림자극으로 만들어보세요.
> 다양한 인사상황을 역할극으로 발표해보세요.
> 계절에 따라 볼 수 있는 장면을 몸짓으로 표현해보세요.
> 목소리 연극으로 발표해 봅시다.
> 여러 가지 길을 상상하면서 걸어보세요.
> 동물의 소리와 움직임을 흉내 내어 보세요.

다양한 이야기와 시, 말하기 상황이 나오는 국어과는 교육연극 적용이 쉽다. 통합교과처럼 "어떤 장면을 흉내 내어 보세요."라고 구체적으로 활동이 제시되어 있을 때 별다른 준비 없이 쓱쓱 진행될 때도 있다.

그러나 아주 가끔, 뭔가 더 의미 있고 재미있는 수업을 만들고 싶을 때가 있다. 이때 성취기준에서 아이디어를 얻는다. 또한 성취기준은 내 수업의 새로운 활동의 근거이자 방어막이 되기도 한다.

가. 성취기준으로 수업 만들기

특정 성취기준 도달을 위해 교육연극 기법이 효과적일 거라고 생각한다면 초기 수업 설계는 다음과 같이 할 수 있다. 예를 들어 아래와 같은 성취기준이 있다고 하자.

[2즐03-04] 가족 구성원이 하는 역할에 대해 놀이를 한다.

① 수업 목표를 설정한다.

   - 가족 구성원의 역할이 잘 드러나게 상황극을 만들 수 있다.

② 수업 활동 위주로 생각해 본다.

- 모둠별로 가족 형태(가족 구성원)를 결정하고 역할 나눈다.
- 모둠 인원수나 성별에 따라 다양한 가족 형태가 나올 수 있다.
- 되도록 부모-자녀 형태로 구성하는 걸 권하되 조손형태, 한부모, 다문화 형태 등 아이들이
  제시하는 모든 형태를 수용한다.
- 교사는 특정 장소나 시간을 주거나, 공통으로 제시 할 수 있다.
- 집에서 일어날 수 있는 상황, 저녁에 식탁에서 일어날 수 있는 상황, 마트, 식당, 생일파티, 명
  절, 가족여행, 소풍, 저녁 식탁, 거실 등
- 장소나 시간 카드는 행동이나 사건이 나올 수 있는 요소를 제공한다.
- 모둠별로 상황에 맞는 역할극을 만들어 표현한다.
- 발표가 끝난 후 생각과 느낌 나눈다.
- 잘 된 점, 아쉬운 점, 재밌었던 점 등 자기 모둠이나 다른 모둠의 발표를 바탕으로 이야기 한다.
- 또는 자기 집과 비교하여 이야기해도 된다.

③ 주요 활동이 정해졌으면, 동기유발이나 호기심을 자극할 자료, 간단한 놀이나
   활동이 있을지 고민해서 추가한다.

   - 다양한 가족사진을 제시할까?

   - 가족이 되려면 무엇이 필요한지 물어보고 그림이나 쪽지로 붙이게 할까?

④ 다시 아래 질문으로 점검하면서 수업목표 및 활동을 수정한다.

아이들이 역할을 가질 수 있나?
모둠을 하나의 그룹(공동체)으로 묶을 수 있나?
구체적인 상황(일상 주변)을 제시할 수 있나?
자연스러운 표현과 자연스러운 대화(즉흥표현)가 가능한 상황인가?

⑤ 교실 아이들 특성과 현실적 맥락에 어울리게 활동을 정리한다.

나. 수업 활동 일부로 교육연극 기법 넣기

교육연극이 처음인 선생님은 수업 중 활동 하나로 시작해보길 권한다. 빈의자, 핫시팅, 즉흥극, 단서 발견, 장면 만들기처럼 교사의 설명이나 지시가 덜 요구되고 활동 형태가 확실한 기법 하나만 적용해 본다.

① 〈동기유발〉로 기법 하나 넣기
  - 물체변형으로 수업 소재 접근하기(예 : 보자기나 백업으로 오늘 수업에 등장하는 동물을 만들어 볼까? 이면지로 오늘 만날 이야기 속 주인공의 마음을 표현해 볼까? 구기거나 접거나 찢어도 좋아요.)
  - 편지, 택배, 가방, 전화, 낙서를 발견하거나 추측하면서 문제 발견하기
  - 인물실루엣으로 이야기 속 주인공 문제발견하기

② 〈수업 속 본 활동〉으로 기법 하나 넣기
  - 해설팬터마임으로 봄, 여름, 가을, 계절의 움직임이나 한 살이 표현하기(나무가되어, 개구리가 되어, 곤충이 되어, 나비가 되어 등)
  - 뒷이야기 상상하여 장면 만들기
  - 인물이 어떤 일을 겪었는지 즉흥극 만들기
  - 시나 이야기를 읽고 인상 깊은 장면 조각 표현하기
  - 이야기 속 주인공을 불러서 질문하기(핫시팅, 빈의자)
  - 선생님이 역할 내 교사가 되어 아이들과 문제 탐색하기
  - 자기가 경험한 것 몸짓으로 보여주기

③ 〈수업 속 본 마무리〉로 기법 하나 넣기
  - 생각과 느낀 점 이미지로 표현하기(이면지, 색종이, 칼라찰흙)
  - 주인공이나 주변 인물이 되어 가상의 하루 그림일기 쓰기

- 주인공이 되어 본 활동에서 겪은 내용을 바탕으로 편지 쓰기
- 도미노 느낌 말하기(수업 후 느낀 점 발표하기)
- 동기 유발에서 처음 만났던 인물 실루엣이나 이야기 배경 수정하기 등

다. 수업 전 미리 준비해 놓기

① 교실에 두고 쓰면 좋은 것

[핸드벨, 보자기 몇 장, 배경 음악 한 두 곡, 라벨지, 넉넉한 이면지] 정도면 충분하다.

② 아이들이 준비할 것

연극놀이 규칙을 지키려는 마음, 책걸상을 밀어낼 수 있는 근력, 나도 술래가 될 수 있다는 희망, 무엇이든 될 수 있고 어디든지 갈 수 있다는 믿음

③ 교사가 준비할 것

기다림, 인내심, 관찰력, 여유, 아이들의 발표에 대한 말할 거리(피드백)

④ 안전한 교실 공간

부딪힐 수 있는 장애물 점검(화분, 만들기 작품, 못, 거울, 교사 텀블러, 멀티탭 연결선, 입 벌린 아이들 가방)

닫으며

코로나 19 세계적 대유행, 그리고 교육연극

방역지침 준수, 비접촉, 더불어 미세먼지.

모두가 처음 겪는 지구촌 팬데믹, 학교가 처음인 우리 1학년.

우리 학교는 규모가 작아 등교 횟수는 많았지만 모둠활동, 놀이, 악기, 노래 부르기는 자제해야 했다. 연극놀이로 아이들이랑 친해졌는데, 연극놀이로 함께 어울리는 방법과 태도를 알아갔는데 예전처럼 교실에서 음악에 맞춰 손을 잡고 손님을 모셔오기나 진주조개폭탄 같은 게임은 할 수 없다. 모둠별로 즉흥극을 만들 수도 없다. 아쉬웠다. 미안했다.

"거리두기! 애들아, 그렇게 몰려있으면 안 돼!"

"괜찮아지면 선생님이 꼭 재미있는 놀이랑 수업 많이 해줄게. 미안해."

그래도 논다.

"무궁화 꽃이 피었습니다!"

교실 뒤에서 자기들끼리 '무궁화 꽃이 피었습니다.'를 한다. 손도 안 잡고 거리도 있으니까 괜찮지 않느냐고 내게 확인을 받는다. 뛰다가 다칠 것 같다고 했더니 걱정 말란다.

그 다음 날도 또 한다. 쉬는 시간 끝났단 말에 "아! 재밌다!"하며 자리로 얼른 돌아간다.

며칠 지났을까? 놀이가 변형되었다. 술래만 서 있고 나머지 아이들은 모두 앉아 있다. 아이들은 걸어서 다가가는 게 아니라 엉덩이로 쿵쿵 찧으면서 다가간다. 교실이 좁아서 서서 했을 경우는 술래가 두세 번 외치면 게임이 끝났는데, 엉덩이로 움직이니까 놀이시간이 더 지속된다.

"와! 이런 무궁화 꽃이 피었습니다는 처음 보는데, 누가 생각한 거야?"

모두 외친다.

"우리 모두 같이 만든 거예요!"

잊고 있었다. 교육연극!

2020년 올해는 교육연극 수업은 어림없겠다 싶었는데, 아이들이 보여줬다. 상황에 맞게 변형하면 된다. 역할 내 교사, 개별 역할극, 비접촉이 가능한 연극놀이를 바탕으로 수업을 설계했다. 모둠별로 꾸려진 즉흥극은 당분간 볼 수 없어도, 역할 내 교사로 들어온 인물에 반응하고 문제를 해결하는 상황은 가능했다. 이야기극화도 충분히 할 수 있었다.

교육연극은 혼자 할 수 없다.

짧은 즉흥극이나 마임을 보여주는 활동이어도 교실 앞에 나온 아이는 분명 그 시간동안 배우와 관객 두 가지 옷을 입어야 한다. 수업의 시작은 누구나 무엇이든 될 수 있고, 어디든 갈 수 있다는 약속에서 출발한다. 상황을 유지하려는 진지한 태도가 중요하다. "참여했다.", "재미있었다."를 넘어서 활동 속에서 서로에게 보여주고 보이는 진지한 태도가 중요하다.

예전 봄에 했던 씨앗의 자람 수업이 생각난다. 흙 대신 갈색 천을 덮고 있는 아이, 햇살과 비가 된 아이들은 손가락으로 씨앗이 된 아이를 툭툭 두드려준다. 씨앗은 두드릴 때마다 몸을 서서히 일으킨다. 마지막에 두 팔을 활짝 펴서 나무나 꽃으로 다 자랐음을 극적으로 표현한다. 다섯 모둠에서 나온 다섯 명의 씨앗 모두가 장면이 끝날 때까지 두 발을 고정시키면서 자리를 움직이지 않았다. 동물과 달리 식물은 움직이지 않는다. 아이들도 움직이지 않았다. 아이들은 진지했다.

다른 수업에서 더워서 힘들어하는 겨울나라 도깨비에게 부채와 물병을 쥐어주었다. 겨울 모자를 벗겨주다가 헝클어진 선생님의 앞머리를 자기 머리핀으로 꽂아주었다. 아이들은 친절했다.

우리가 주고받은 건 질문이나 학습내용만이 아니다. 믿음, 정겨움, 서로에 대한 진지한 태도 등을 나눴다. 한 시간 동안 수업만 한 게 아니었다.

교육연극이 만들어 놓은 일련의 과정 안에서 나도 아이들도 같이 호흡하고 성장했다. [수업 태도가 좋아요. 아이들이 친해졌어요. 발표를 잘해요. 수업을 즐거워해요. 자기들이 알아서 잘 해요.] 이 모든 것은 1년 동안 함께한 결과의 일부이다. 결과도 상관없다. 그 때 움직였으면 됐다. 그 때 느꼈으면 됐다. 아이들은 미래를 준비하는 게 아니라 지금을 산다. 나도 그 아이들과 지금을 살아간다.

그리고 오늘도 물어본다. "오늘 수업 어땠어요?"